Mario Quintana

ANTOLOGIA POÉTICA

QUINTANA F

1- Signo do Leão (30 de

po Az

o a m

passo

de t

afuger

Mario Quintana

ANTOLOGIA POÉTICA

ALFAGUARA

Grafia atualizada segundo o Acordo Ortográfico da Língua Portuguesa de 1990, que entrou em vigor no Brasil em 2009.

COLEÇÃO MARIO QUINTANA

ORGANIZAÇÃO
Italo Moriconi

PROJETO DE CAPA E MIOLO
Mariana Newlands

IMAGEM DE CAPA
Liane Neves

MANUSCRITOS DE CAPA E MIOLO
Arquivo Mario Quintana/Acervo Instituto Moreira Salles

REVISÃO
Fatima Fadel
Eduardo Rosal

CIP-BRASIL. CATALOGAÇÃO NA FONTE
(SINDICATO NACIONAL DOS EDITORES DE LIVROS, RJ, BRASIL)

Q67a
Quintana, Mario
Antologia poética / Mario Quintana. — 1ª ed. — Rio de Janeiro: Alfaguara, 2015.

ISBN 978-85-7962-352-3

1. Poesia. brasileira. I. Título.

14-16727 CDD: 869.91
CDU: 821.134.3(81)-1

8ª reimpressão

EDITORA SCHWARCZ S.A.
Praça Floriano, 19, sala 3001 — Cinelândia
20031-050 — Rio de Janeiro — RJ
Telefone: (21) 3993-7510
www.companhiadasletras.com.br
www.blogdacompanhia.com.br
facebook.com/editora.alfaguara
instagram.com/editora_alfaguara
twitter.com/alfaguara_br

Sumário

Quintana: sábio e necessário

Eucanaã Ferraz

Mario Quintana estreou em livro em 1940, com *A rua dos cataventos*. Nele, o poeta sente-se chamado pelos "inquietos ventos andarilhos" e, sem resistência, sai em busca de paisagens e experiências. O passeio, porém, acontece à roda das coisas domésticas, daquilo que é vizinho. Em toda a sua obra, assistimos a essa espécie de aproximação com o que está, de antemão, rente ao sujeito. Mas, se a escrita se faz sem a ambição de investir além do que se dá no espaço familiar, o reconhecimento do terreno restrito e cotidiano leva a realidades mais sutis, próximas, por exemplo, do que o próprio poeta chamou de "sobrenatural".

O lirismo de Quintana deixa-se frequentemente ativar pelo cruzamento de forças díspares — a visão cotidiana, ou o senso comum, a sobrenaturalidade, ou o nonsense —, o que acaba por conferir aos poemas um efeito humorístico especialmente delicado. Basta ver, como exemplo, a "Canção do meio do mundo". Ali — como no restante da obra —, os espaços são retratados/tratados com intimidade, e, ainda, são familiares mesmo na sua estranheza: "Dali a três quadras o mundo acabava". Mas, se o espaço se mostra mínimo e apreensível pelo olhar, logo essa visão é reavaliada: "Dali a três quadras, num valo profundo..." Como se o real desaguasse no mistério, o tamanho facilmente delimitado alastra-se até a profundidade e perde-se em reticências. O verso seguinte, porém, retoma de imediato a esfera familiar, retocando qualquer imagem grandiosa que pudesse desequilibrar o tom singelo do conjunto: "Bem junto com a rua o mundo acabava". E, nessa natural familiaridade, afirma-se a seguir: "E Nosso Senhor era ali que morava". Mas é o efeito humorístico do desfecho do poema que, sem dúvida, instaura a total intimidade com o transcendente, humanizando a divindade e criando um Deus simpático e bonachão, que ao fim da ciranda "esperava... esperava.../ Cofiando as suas barbas de Pedro Segundo". Percebe-se sem dificuldade que a força do efeito humorístico está na comparação com Pedro Segundo, pois "cofiando as suas barbas", ou "cofiando as suas *longas* barbas", ou "cofiando as suas barbas *longas e brancas*" seriam construções de baixa densidade. Ou seja, a imagem de "Nosso Senhor" como um velho de barbas materializa a divindade, mas não chega a torná-la íntima. Pensemos na famosa cena da criação do homem pintada por Michelângelo: lá está o Criador de barbas longas e brancas, mas sua figura humana está plena de respeito e grandiosidade, propondo ao espectador uma contemplação na qual se fundem adoração e terror. A humanização, portanto, não garante por si mesma a informalidade e o humor. Já a comparação "cofiando as suas barbas de Pedro Segundo" rapidamente faz-nos próximos desse Deus que agora é quase uma caricatura, porquanto a imagem que introduz o novo e inesperado personagem — "Pedro Segundo" — é um detalhe isolado: "as suas barbas". A familiaridade com o leitor — uma das chaves principais para que se compreenda a popularidade da obra de Quintana — instala-se imediatamente quando a imagem nos leva a recordar: sim, eram grandes e brancas as barbas de Pedro Segundo! Essa memória íntima que vem à tona é parte integrante do poema, ou, ainda, é parte essencial de seu jogo, exigindo do leitor minimamente a vaga recordação de um retrato alguma vez visto por ele. Cabe notar, também, que na imagem está ausente a marca de nobreza: "Dom" (Pedro Segundo), e que, se isso faz o monarca, digamos, menos nobre e mais trivial, é também menos divino e mais aproximado que surge o Deus, ambos confundidos numa mesma imagem. Mas sobre essa fusão há que perceber que ela não elimina os polos em questão: "Nosso Senhor" e "Pedro Segundo". Apesar da comparação (analogia), permanece a diferença, já que a semelhança — "as barbas" — não os faz completamente iguais, ou, ainda, não os desfaz numa espécie de síntese: tese e antítese, aqui, não engendram um terceiro termo, e, exatamente por não haver uma transigência absoluta, a aproximação entre os dois personagens gera humor, desestabilizando nossa percepção e fazendo ver na linguagem o seu jogo. Repare-se ainda que não há adjetivações do tipo: "cofiando as suas barbas *longas e brancas* de Pedro Segundo". A economia sintética parte da ideia de que aquelas qualidades (brancas e longas) estão já embutidas na imagem que nos ocorre das barbas do imperador. Sobre essa força criada pela síntese, cabe lembrar que Freud considera a brevidade como o corpo e a alma do chiste. Chegando aos conceitos de condensação, múltiplo uso do mesmo material e duplo sentido, Freud acaba por voltar ao conceito de *condensação*, considerando-o como a categoria mais ampla. É essa economia do mínimo — base de todos os processos de formação dos chistes — que fundamenta a construção "Nosso Senhor [...] cofiando as suas barbas de Pedro Segundo" e a grande maioria das imagens criadas pela poesia de Mario Quintana, sempre em busca de sínteses capazes de operar a dessacralização pela intimidade ou o estranhamento diante do banal. Tais operações, aliadas ao lirismo e ao tom simultaneamente terno e irônico, definem o poeta de *Sapato florido* como uma voz singular.

A intimidade é de tal modo uma disposição constitutiva dessa escrita que logo compreendemos o quanto nela o cotidiano é um espaço inventado pela linguagem, e não um conjunto previamente programado, do qual fizessem parte cenários, personagens, temas e arranjos semânticos entregues para o mero registro. A intimidade é, antes, um modo de ver, não o resultado de uma vivência pessoal ou social; ou, mais que isso, ela pertence ao mecanismo criador e atua como força atrativa, capaz de gerar combinações imprevisíveis, insólitas, que borram a geografia que equivocadamente poderíamos considerar como um aglomerado de espaços delimitados pela lógica habitual. Os mundos dos mortos e dos vivos, por exemplo, estão sempre em diálogo. Em "Tia Élida", a parenta morta está definitivamente presente: "Essa tia Élida.../ Tão viva, a coitada,/ Que eu ainda me irrito com ela!" Em "Do sobrenatural", lemos:

> Vozes ciciando nas frinchas... vozes de afogados soluçando nas ondas... vozes noturnas, chamando... pancadas no quarto ao lado, por detrás dos móveis, debaixo da cama... gritos de assassinados ecoando ainda nos corredores malditos... Qual nada! O que mais

amedronta é o pranto dos recém-nascidos: aí é que está a verdadeira voz do outro mundo.

Naturalidade e sobrenaturalidade são universos intercambiáveis, e os textos fazem-se sempre como operação dialógica, capaz de engendrar a porosidade na superfície das matérias mais duras. Tal procedimento, porém, dá-se por meio do afeto, de uma aproximação terna, donde a impressão equivocada de que ali nada foi feito, ou ainda, como se tivesse havido apenas o acolhimento do que fácil se entregou à sensibilidade do poeta. Mas o trabalho da escrita pode estar — e está — também aí, nessa capacidade de articular espaços por meio de uma escrita cuja modernidade se flagra inequivocamente na sua autonomia simbólica.

A intimidade com o divino não se dá, porém, de modo linear, instalando-se, antes, por meio de uma relação dúbia, feita de diálogos e desentendimentos, fala e silêncio, presença e distância, entusiasmo e melancolia. O fundamental, porém, é que há permanentemente uma visão cotidiana das coisas sobrenaturais e uma redução à escrita, donde o redimensionamento de valores e a ruptura com o esperado. O humor e o lirismo operam essa desautomatização da lógica utilitária, cabendo à ironia a função de esvaziamento do absoluto. Veja-se o breve "Do eterno mistério", no qual uma "fala" surge como vaga citação (o uso de aspas no verso de abertura deixa clara essa exterioridade), apresentada como consolo existencial de natureza místico-religiosa, logo emergindo uma voz contrária (interna, a voz *do* poema), que desmonta a perspectiva do conforto, defrontando-a com a perplexidade e o vazio:

"Um outro mundo existe... uma outra vida..."
Mas de que serve ires para lá?
Bem como aqui, tu'alma atônita e perdida
Nada compreenderá...

A desenvoltura com a ideia de uma "outra vida" surge da hipótese — que o poema converte em efetivo conhecimento — de que o mistério e a perplexidade da vida "aqui" permaneceriam noutro plano. Tal similaridade declara inútil a transcendência, desmascara a fuga e põe em seu lugar a imagem de uma incompreensão sem fim, inescapável. A busca de uma "outra vida" equivale a uma cegueira, a um patético movimento de evasão que chega a seu termo apenas com a morte, daí o jogo de semelhanças entre "homem" e "bicho", entre "céu" e "terra" no poema "As covas":

O bicho,
Quando quer fugir dos outros,
Faz um buraco na terra.

O homem,
Para fugir de si,
Faz um buraco no céu.

É na familiaridade, no dia a dia, na cotidiana paisagem — vista da janela ou saboreada no meio da rua — que se dá o diálogo com a transcendência. Assim, Deus, como um imperador inútil, pode ser objeto do julgamento humano, como se lê em "Sabotagem", poema no qual o horror gerado pelo próprio homem expõe a fragilidade e mesmo o sadismo de Deus, que aparece ridicularizado pela imagem de uma grotesca "dentadura postiça".

O cotidiano surge, na poesia de Quintana, como um sistema de representações que produz sua própria lógica, na qual a porosidade é um traço decisivo. Os diálogos entre os fragmentos que compõem a realidade fazem ver então um sem-número de "irrealidades", que estruturam o convívio, a psicologia do criador e a própria escrita. Surgem, no mesmo plano, "as pessoas", "os animais" e "as coisas vistas em sonhos" — tudo banhado pela luz do "outro mundo". Os universos da realidade (do real), do fantástico e do sonho convivem numa mesma horizontalidade, chegando à completa indiferenciação. Daí o convite em "Canção de primavera": "Dancemos todos, dancemos,/ Amadas, Mortos, Amigos,/ Dancemos todos até/ Não mais saber-se o motivo..."

É o insólito que está em cena: o banal e o extraordinário se encontram; seres e coisas deslizam para outros níveis simbólicos; tudo ganha um caráter de indefinição; a reação natural diante da nova realidade como que põe em xeque os padrões de conhecimento (reconhecimento) usados para a organização do mundo e nossa consequente segurança diária. A escrita dá-se como um olhar cotidiano exatamente porque concebe a vida como experiência tão comezinha quanto múltipla, tão solar quanto plena de sombras e vazios. Tal abertura ao inverossímil, ou ao incongruente, ou ao inusitado, permite, por exemplo, a encenação, em "O ovo", do fim do mundo, no qual o símbolo da origem e do início dos seres e das coisas é convertido em símbolo do final: circularmente, o "ovo" ata as duas pontas — início e fim —, e o que era cosmogônico passa a escatológico. Todo esse quadro, de inequívoco sabor surrealista, surge, porém, dessacralizado, atravessado de humor e numa linguagem desassombradamente doméstica e lúdica, como é flagrante nos três primeiros versos do poema: "Na Terra deserta/ A última galinha põe o último ovo.// Seu cocoricó não encontra eco..."

Esse surrealismo — no sentido mesmo em que os surrealistas usavam o termo: como um dado particularmente concreto, presente no dia a dia — é um dado fundamental para o entendimento mais amplo do lirismo de Mario Quintana, pois não se trata de uma "vertente", no seu sentido mais usual, o de marcar-se como um veio que se mostra essencialmente como diferença dentro de um conjunto. Ao contrário, aparece em toda a obra — ainda que sob a pressão de muitas variantes —, afirmando-se como dado constitutivo de uma visão do mundo e da poesia, integrado à vivência cotidiana.

A intimidade com o sobrenatural — Deus, o Céu, mortos, ogres, anjos, seres encantados e coisas corriqueiras vistas como excepcionais — está diretamente ligada a uma outra marca, contígua e igualmente valiosa: a identificação com o universo da infância.

> Se eu fosse Deus, eu mandava os comendadores mortos
> — Oh, como nos havíamos de rir, ó Walt Disney! —
> Eu os mandava a todos, com suas almas graves, encasacadas
> [e de óculos,
> Para o doido País das Sinfonias Coloridas.

Em muitos poemas, Quintana põe em cena dois personagens em posições contrárias: o velho austero, sistemático, grave; e o velho que, meio gaiato, ri, fantasia, e está próximo da criança. O sujeito lírico, obviamente, identifica-se com este último. Se o primeiro tipo se ocupa de coisas sérias, a atitude do segundo está baseada na contemplação e na gratuidade, na galhofa e na ironia. O desprendimento confunde-se com a alegria, a natureza e a poesia. A presença maciça de tais signos não seria menos que um "milagre", e o mundo tornar-se-ia perfeito:

> Dias maravilhosos em que os jornais vêm cheios de poesia...
> E do lábio do amigo brotam palavras de eterno encanto...
> Dias mágicos...
> Em que os burgueses espiam,
> Através das vidraças dos escritórios,
> A graça gratuita das nuvens...

A grande gratuidade é a contemplação, que, antípoda absoluta da servidão, da produção e do utilitarismo, libertaria o burguês e, por isso mesmo, destruiria-o com a instauração de um novo valor: a "poesia". No "milagre", o "burguês" aproximar-se-ia do poeta e da criança. Essa convergência de gratuidade e contemplação ajuda a compor a imagem do "velho" que fala na poesia de Quintana: se na velhice não há mais lugar para a ação, cabe assumir um olhar que gratuitamente redescubra a vida, retornando à infância, que, antes de tudo, é um "lugar" de troca inventado pela linguagem, como em "Da paginação":

> Os livros de poemas devem ter margens largas e muitas páginas em branco e suficientes claros nas páginas impressas, para que as crianças possam enchê-los de desenhos — gatos, homens, aviões, casas, chaminés, árvores, luas, pontes, automóveis, cachorros, cavalos, bois, tranças, estrelas — que passarão também a fazer parte dos poemas...

Rodeados pela natureza e pela fantasia, como numa história de Walt Disney, igualam-se o poeta, a criança, a poesia, o livro de poemas, a página em branco e os versos. Essa escrita aberta à infância assume um caráter lúdico e acaba por recriar formas poéticas como a cantiga, ou a canção, parte da tradição oral, que funciona como sinal de reconhecimento do universo da criança. O segundo livro de Quintana, de 1946, chama-se exatamente *Canções*, e nele o poeta usa como recurso alguns versos do cancioneiro infantil, como na "Canção de muito longe":

Foi-por-cau-sa-do-bar-quei-ro

E todas as noites, sob o velho céu arqueado de bugigangas,
A mesma canção jubilosa se erguia.
A canoooavirou

Quemfez elavirar? uma voz perguntava.

Os luares extáticos.

A noite parada...

Foi por causa do barqueiro
que não soube remar.

A cantiga está praticamente transcrita, mas em fragmentos, numa ordem nova, dada pela recordação, valorizando-se a atmosfera e as pausas. Além desse processo de incorporação, há ainda casos em que, em vez da interferência da cantiga tradicional, deparamo-nos com um poema-canção, que teria idealmente como leitor a própria criança, como se o poeta quisesse compor uma cantiga como aquelas que a infância ouve, e ainda, aquelas em que o leitor se reconhece. Cabe notar, também, que a musicalidade é um traço marcante em toda a obra de Mario Quintana, criando muitas vezes tons melancólicos, esbatidos, próximos da lírica simbolista.

Mas se os poemas são marcados pela musicalidade, trazem igualmente imagens de grande sugestão visual. O poeta é "um velho que virou reflexo" e reflete as coisas do mundo, como se na velhice coubesse um inventário de tudo o que compõe a vida na sua materialidade amorosa. Tal olhar sobre as pequenas coisas — o anódino que constitui o cotidiano — é uma das principais características da escrita de Quintana, que acaba por se assemelhar à criança que ele gostaria de ver desenhando, nas margens dos livros, "gatos, homens, aviões, casas, chaminés, árvores, luas, pontes (...)".

O ouvir é outro sentido privilegiado. O sujeito, não por acaso, situa-se sempre num lugar de escuta: "em meio aos ruídos da rua" ("O poeta começa o dia"). Ainda que seduzido pela natureza, este é um poeta urbano, não nos enganemos; por isso o burburinho da cidade é para ele uma canção: "Vamos ouvir o ruído cantado, o ruído arrastado das/ correntes no algibe" ("Segunda canção de muito longe"). Os poemas referem-se constantemente aos sons, e as alusões vêm muitas vezes acompanhadas de táticas expressivas, como em "Canção do primeiro ano", em que a estrutura (que podemos chamar de "harmônica", para usar uma expressão de Mario de Andrade em seu "Prefácio interessantíssimo" para *Pauliceia desvairada*) e a repetição imitam o badalar de sinos: "Silêncios. Sinos. Apelos. Sinos./ E sinos. Sinos. E sinos. Sinos./ Pregoeiros. Sinos. Risadas. Sinos." A onomatopeia é outro recurso usado, que lembra com graça as canções e brincadeiras infantis, como em "Canção de garoa": "Em cima do meu telhado/ Pirulin lulin lulin,/ Um anjo, todo molhado,/ Soluça no seu flautim". Se a criança vive o encanto lúdico dos sons, o poeta redescobre a sonoridade das palavras e das coisas e restabelece a identidade entre ele e a infância, entre a poesia e uma fala em que brilham a liberdade e a fantasia. A meninice adoça a ironia que se espalha pela poesia de Quintana, evitando-lhe a amargura e, em grande parte, vêm também daí a simplicidade e a fluidez da escrita — tantas vezes sem os limites entre prosa e poesia —, a aproximação afetiva com as coisas, a relação amena com a criação e sua consequente comunicabilidade com o leitor.

A intimidade com o sobrenatural encontra-se aí, portanto, com o "mundo do Faz de conta", incorporado como um modo de manipulação da realidade por meio da linguagem. A poesia de Quintana alimenta-se não raro das histórias infantis, fábulas e contos de fadas, construindo episódios com base em estruturas narrativas do tipo "Era uma vez...", "Um dia...,", "Eis senão quando...,", "De uma feita...". Os personagens podem ser os tradicionais monstros, reis, princesas, gigantes, mas são também os sapatos, uma cômoda, uma pedra, um ovo, que atuam num universo mágico, animados por um mecanismo extremamente importante, o da personificação — fundamental na criação de imagens poéticas e na formação dos mitos — compreendida aqui como forma de expressão da criança, como ferramenta lúdica e simbólica. Ou seja, sendo de uso corrente em toda a lírica, a personificação, na poesia de Mario Quintana, ganha um valor singular, pois é mais uma das pontes entre a escrita e o mundo da infância. Nesse imaginário afetivo, em que tudo possui vida, movimento, voz, a personificação pode facilmente tornar-se humorística, é importante notar, sobretudo quando temas nobres, de algum peso existencial ou consagradamente poéticos, decaem para o plano mais prosaico.

Há também uma outra espécie de personificação, ou melhor, de materialização: a da própria palavra. Por um lado, a nomeação reivindica seu originário poder mágico e mítico, concebendo-se o signo como análogo ao objeto que nomeia; por outro, não é mais a letra que faz alusão à coisa, mas o inverso. E como tudo é um jogo (ou, como diriam as crianças, uma brincadeira), pode-se trazer à luz a arbitrariedade, a fim de dar vez à formulação de um novo contrato entre coisa e nome, como em "Apocalipse":

> E eis que veio uma peste e acabou com todos os homens.
> Mas em compensação ficaram as bibliotecas.
> E nelas estava escrito o nome de todas as coisas.
> Mas as coisas podiam chamar-se agora como bem quisessem.
> E então o Pão de Açúcar se declarou Mancenilha.
> E o hipopótamo só atendia por tico-tico.
> E houve por tudo um grande espreguiçamento de alívio.
> E Nosso Senhor ficou para sempre livre da terrível campanha
> [dos comunistas.
> E das apologéticas de Tristão de Athayde.

Chama atenção, ainda, o uso corrente de diminutivos na poesia de Quintana. Se determinados traços estilísticos adquirem importância apenas como ato isolado, ou seja, como necessidade surgida num contexto expressional específico, o uso repetido de uma mesma técnica ou procedimento chama atenção e pode significar mais que uma casualidade. Passemos rapidamente os olhos nos poemas escolhidos pelo autor para a sua *Antologia poética* e encontraremos, entre outros, substantivos como "passarinho", "janelinha", "menininho", "filhinho", "tamanquinhos", "empregadinho", "tico-tiquinho", "menininha", "barriguinha", "poeminho", "cantiguinha", "caminhozinho", "pezinho", "ruazinha", "coraçãozinho", "sapatinhos", "estrelinhas", "cachorrinho", "cãozinho", "formiguinha", "lanterninhas", "folhinha"; encontraremos também adjetivos como "entrevadinho", "baixinho", "pequenininho"; e mesmo advérbios, como "devagarinho"; do mesmo modo, alguns dos personagens que povoam os poemas chamam-se "Inocentinho", "Dona Glorinha", ou, numa outra forma de diminutivo, "Lili". Não há dúvida de que o uso repetido e enfático de um procedimento pode vir a exercer uma função, e, nesse sentido, os diminutivos podem ser compreendidos como mais um sinal da aliança da poesia com a infância: o diminutivo é uma "forma de ver", é artifício para a compreensão do mundo, e, ainda, significa emprestar uma dimensão à coisa mesma, possibilitando a apreensão, o toque, o afeto. No caso da criança, a avaliação das coisas é afetiva (para ela, a diferença entre "cachorro" e "cachorrinho" não é irrelevante, e não há dúvida de que o segundo oferece menos perigo). Esse modo de olhar define inequivocamente a poesia "habitada" de Mario Quintana, que investe numa generosa conciliação com os seres e os objetos. Se o lirismo e o humor são, de fato, forças que fazem o poema saltar sobre a miséria, o tédio, o espanto e a amargura, tal transposição semelha-se mais à cambalhota que ao salto mortal, visto que o poeta, distante dos gestos largos e heroicos, cultiva a delicadeza e, em acordo com o ínfimo, alimenta-se frugalmente da matéria cotidiana. Mesmo a criação poética encolhe-se diante de fatos aparentemente insignificantes, mas que, em sua pequenez, revelam a vida em estado absoluto, como na modesta epifania de "O poema":

> Uma formiguinha atravessa, em diagonal, a página ainda em branco. Mas ele, aquela noite, não escreveu nada. Para quê? Se por ali já haviam passado o frêmito e o mistério da vida...

Assim como o lirismo de Quintana guarda uma musicalidade simbolista, como observamos de passagem, interessa-se igualmente pela irracionalidade e pelo insólito, embora não se defina pela expressão diáfana. E, sem dúvida, o despojamento é seu traço mais marcante. Se tal escolha inibe o experimentalismo — o que o distingue de outros poetas próximos de sua sensibilidade, como Manuel Bandeira e Vinicius de Moraes —, é certo que ela vem ao encontro da expressão antirretórica, tão cara à lírica moderna, e faz também um declarado voto de simplicidade, opondo-se à ornamentação e à grandiloquência.

Outro dado a registrar é que o lirismo de Mario Quintana busca solucionar suas tensões internas longe dos olhos do leitor, forjando um quadro de aparente calma. Parte de seu trabalho formal reside exatamente aí, na construção da forma clara e precisa. Foi o próprio poeta quem observou:

> Mas é uma barbaridade o que a gente tem de lutar com as palavras, para obrigar as palavras a dizerem o que a gente quer. A simplicidade é uma das conquistas mais difíceis do mundo. (...) O poema, para dar a impressão de que foi escrito pala primeira vez, deve ser escrito várias vezes.[1]

A poesia de Quintana — o seu tom, digamos assim — oscila entre o irônico e o terno, sem sentimentalismo nem ênfase, com uma musicalidade em tom menor. Em termos formais, adota construções tradicionais — como o soneto —, a metrificação, as cantigas infantis, mas também verso livre sem rimas, o poema em prosa, a "palavra cotidiana" e construções coloquiais, em sintonia com o modernismo dos anos 1920 e 1930.

Ao equilibrar seu lirismo com o humor, o poeta, em seus melhores momentos — e estes não são poucos — soube evitar o paroxismo e acrescentou densidade à sua doçura. O próprio Quintana observou: "Minha poesia tem muito humorismo, mas isto é por pudor, para

---

[1] "Poesia é uma maneira de falar sozinho" — entrevista concedida a Elias Fajardo da Fonseca. *Revista do Brasil*, nº3, Rio de Janeiro, SCC/ RIOARTE, s.d., p. 34.

disfarçar o sentimentalismo."[2] O humor possibilitou-lhe penetrar os espaços sublimes sem que a gravidade assumisse a palavra. Os mistérios — ainda que indecifráveis — tornam-se transitáveis porque o humor faz deles objetos "menores", à altura do que é mais humano. O livro *Espelho mágico*, de 1951, é, nesse sentido, revelador, pois retoma os tradicionais epigramas e acrescenta humor à sabedoria, construindo sínteses inusitadas e de grande poder sugestivo. Veja-se um deles, que o poeta selecionou para um conjunto a que deu o nome, na *Antologia poética*, de "Cinco fábulas":

> A mosca, a debater-se: "Não! Deus não existe!
> Somente o Acaso rege a terrena existência!"
> A aranha: "Glória a Ti, Divina Providência,
> Que à minha humilde teia essa mosca atraíste!"

Quem fala em *Espelho mágico* é, sem dúvida, um velho sábio: dá conselhos, cita autores e textos célebres, focaliza coisas triviais ou transcendentes com o mesmo humor, aborda o extraordinário sempre com um tom caseiro e uma linguagem despretensiosa. Evita com êxito, portanto, deixar-se definir pelo perfil do velho que acredita saber de tudo, o que o tornaria definitivamente um tolo. Daí a epígrafe que escolhe para o volume, tirada da *Bíblia*, "Eclesiastes" (7: 16): "Não sejas muito justo; nem mais sábio do que é necessário, para que não venhas a ser estúpido."

A epígrafe serve, na verdade, para toda a obra de Mario Quintana.

---

[2] Idem.

Antologia poética

(1985)

E melhor se poderia dizer dos poetas
o que disse dos ventos Machado de Assis:
"A dispersão não lhes tira a unidade,
nem a inquietude a constância."

Caderno H

Aula inaugural

É verdade que na Ilíada não havia tantos heróis
[como na guerra do Paraguai...
Mas eram bem falantes
E todos os seus gestos eram ritmados como num balé
Pela cadência dos metros homéricos.
Fora do ritmo, só há danação.
Fora da poesia não há salvação.
A poesia é dança e a dança é alegria.
Dança, pois, teu desespero, dança.
Tua miséria, teus arrebatamentos,
Teus júbilos
E,
Mesmo que temas imensamente a Deus,
Dança como David diante da Arca da Aliança;
Mesmo que temas imensamente a morte,
Dança diante da tua cova.
Tece coroas de rimas...
Enquanto o poema não termina
A rima é como uma esperança
Que eternamente se renova.
A canção, a simples canção, é uma luz dentro da noite.
(Sabem todas as almas perdidas...)

O solene canto é um archote nas trevas.
(Sabem todas as almas perdidas...)
Dança, encantado dominador de monstros,
Tirano das esfinges,
Dança, Poeta,
E sob o aéreo, o implacável, o irresistível ritmo de teus pés,
Deixa rugir o Caos atônito...

Ritmo

Na porta
A varredeira varre o cisco
varre o cisco
varre o cisco

Na pia
a menininha escova os dentes
escova os dentes
escova os dentes

No arroio
a lavadeira bate roupa
bate roupa
bate roupa

até que enfim
                    se desenrola
                                        toda a corda
e o mundo gira imóvel como um pião!

O poeta começa o dia

Pela janela atiro meus sapatos, meu ouro, minha alma ao
[meio da rua.
Como Harum-al-Raschid, eu saio incógnito, feliz de
[desperdício...
Me espera o ônibus, o horário, a morte — que importa?
Eu sei me teleportar: estou agora
Em um Mercado Estelar... e olha!
Acabo de trocar
— em meio aos ruídos da rua
alheio aos risos da rua —
todas as jubas do Sol
por uma trança da Lua!

O passageiro clandestino

No porta-malas do meu automóvel
levo o anjo escondido...
Quando chegamos a um descampado,
ele sai lá de dentro, distende as asas, belo como a Vitória
[de Samotrácia...
e eu, então, nos seus ombros, dou uma longa volta, pelos
[céus da cidade,
porém temos logo de regressar a nossos antros de cimento
— antes que a serenata dos sapos, mais uma vez,
venha cantar, à beira dos banhados,
à nossa modesta aventura de um domingo burguês.

O milagre

Dias maravilhosos em que os jornais vêm cheios de poesia...
E do lábio do amigo brotam palavras de eterno encanto...
Dias mágicos...
Em que os burgueses espiam,
Através das vidraças dos escritórios,
A graça gratuita das nuvens...

O límpido cristal

Que límpido o cristal de abril!... Um grito
não vai como os da noite — para os extramundos...
Todas as vozes, todas as palavras ditas — cigarras presas
dentro do globo azul — vão em redor do mundo
e a ninguém é preciso entender o que elas dizem;
basta aquele bordoneio profundo
que vibra com o peito de cada um...
palavras felizes de se encontrarem uma com a outra
nas solidões do mundo!

Canção de vidro

E nada vibrou...

Não se ouviu nada...

Nada...

Mas o cristal nunca mais deu o mesmo som.

Cala, amigo...

Cuidado, amiga...

Uma palavra só

Pode tudo perder para sempre...

E é tão puro o silêncio agora!

Canção de muito longe

Foi-por-cau-sa-do-bar-quei-ro

E todas as noites, sob o velho céu arqueado de bugigangas,
A mesma canção jubilosa se erguia.
A canoooavirou
Quemfez elavirar? uma voz perguntava.

Os luares extáticos...

A noite parada...

Foi por causa do barqueiro
que não soube remar.

Poema

Oh! aquele menininho que dizia
“Fessora, eu posso ir lá fora?”
Mas apenas ficava um momento
Bebendo o vento azul...
Agora não preciso pedir licença a ninguém.
Mesmo porque não existe paisagem lá fora:
Somente cimento.
O vento não mais me fareja a face como um cão amigo...
Mas o azul irreversível persiste em meus olhos.

O prisioneiro

Os muros móveis do vento
Compõem minha casa-barco.
Quem foi que me prendeu por dentro
        De uma gota dágua?
Tolice matar-se a gente
        Só por isso...
Nem mesmo Ele, o Grande Mágico,
Foge ao seu próprio feitiço!

Entressono

A manhã se debruça ao peitoril,
Não sei por que está gritando: abril, abril!
Há, por vezes, manhãs que são sempre de abril...
A manhã, com todas as suas árvores ao vento,
Traz-me as primeiras notícias da frota do Descobrimento,
Sem reparar na presença dos arranha-céus.
Mas eu nem abro os olhos: vou dormir...
Creio que ainda chegarei a tempo
Para a Primeira Missa no Brasil.

Canção da primavera

PARA ERICO VERISSIMO

Primavera cruza o rio
Cruza o sonho que tu sonhas.
Na cidade adormecida
Primavera vem chegando.

Catavento enlouqueceu,
Ficou girando, girando.
Em torno do catavento
Dancemos todos em bando.

Dancemos todos, dancemos,
Amadas, Mortos, Amigos,
Dancemos todos até
Não mais saber-se o motivo...

Até que as paineiras tenham
Por sobre os muros florido!

Canção de domingo

Que dança que não se dança?
Que trança não se destrança?
O grito que voou mais alto
Foi um grito de criança.

Que canto que não se canta?
Que reza que não se diz?
Quem ganhou maior esmola
Foi o Mendigo Aprendiz.

O céu estava na rua?
A rua estava no céu?
Mas o olhar mais azul
Foi só ela quem me deu!

Deve haver tanta coisa desabada...

Deve haver tanta coisa desabada
Lá dentro... Mas não sei... É bom ficar
Aqui, bebendo um chope no meu bar...
E tu, deixa-me em paz, Alma Penada!

Não quero ouvir essa interior balada...
Saudade... amor... cantigas de ninar...
Sei que lá dentro apenas sopra um ar
De morte... Não, não sei! não sei mais nada!

Manchas de sangue inda por lá ficaram,
Em cada sala em que me assassinaram...
Pra que lembrar essa medonha história?

Eis-me aqui, recomposto, sem um ai.
Sou o meu próprio Frankenstein — olhai!
O belo monstro ingênuo e sem memória...

Canção do meio do mundo

PARA LINO DE MELLO E SILVA

A ciranda rodava no meio do mundo,
No meio do mundo a ciranda rodava.

E quando a ciranda parava um segundo
Um grilo, sozinho no mundo, cantava...

Dali a três quadras o mundo acabava,
Dali a três quadras, num valo profundo...

Bem junto com a rua o mundo acabava.
Rodava a ciranda no meio do mundo...

E Nosso Senhor era ali que morava,
Por trás das estrelas, cuidando o seu mundo...

E quando a ciranda por fim terminava
E o silêncio, em tudo, era mais profundo,

Nosso Senhor esperava... esperava...
Cofiando as suas barbas de Pedro Segundo.

Noturno

Este silêncio é feito de agonias
E de luas enormes, irreais,
Dessas que espiam pelas gradarias
Nos longos dormitórios de hospitais.

De encontro à Lua, as hirtas galharias
Estão paradas como nos vitrais
E o luar decalca nas paredes frias
Misteriosas janelas fantasmais...

Ó silêncio de quando, em alto-mar,
Pálida, vaga aparição lunar,
Como um sonho vem vindo essa Fragata...

Estranha Nau que não demanda os portos!
Com mastros de marfim, velas de prata,
Toda apinhada de meninos mortos...

Tudo tão vago...

Nossa Senhora
Na beira do rio
Lavando os *paninhos*
Do bento filhinho

São João estendia
São José enxugava
E o menino chorava
Do frio que fazia

Dorme criança
Dorme meu amor
Que a faca que corta
Dá talho sem dor

(de uma cantiga de ninar)

Tudo tão vago... Sei que havia um rio...
Um choro aflito... Alguém cantou, no entanto...
E ao monótono embalo do acalanto
O choro pouco a pouco se extinguiu...

O Menino dormira... Mas o canto
Natural como as águas prosseguiu...
E ia purificando como um rio
Meu coração que enegrecera tanto...

E era a voz que eu ouvi em pequenino...
E era Maria, junto à correnteza,
Lavando as roupas de Jesus Menino...

Eras tu... que ao me ver neste abandono,
Daí do Céu cantavas com certeza
Para embalar inda uma vez meu sono!...

Segunda canção de muito longe

Havia um corredor que fazia cotovelo:
Um mistério encanando com outro mistério, no escuro...
Mas vamos fechar os olhos
E pensar numa outra coisa...

Vamos ouvir o ruído cantado, o ruído arrastado das correntes
[no algibe,
Puxando a água fresca e profunda.
Havia no arco do algibe trepadeiras trêmulas.
Nós nos debruçávamos à borda, gritando os nomes uns
[dos outros,
E lá dentro as palavras ressoavam fortes, cavernosas como
[vozes de leões.
Nós éramos quatro, uma prima, dois negrinhos e eu.
Havia os azulejos reluzentes, o muro do quintal, que limitava
[o mundo,
Uma paineira enorme e, sempre e cada vez mais, os grilos
[e as estrelas...
Havia todos os ruídos, todas as vozes daqueles tempos...
As lindas e absurdas cantigas, tia Tula ralhando os cachorros,
O chiar das chaleiras...
Onde andará agora o *pince-nez* da tia Tula

Que ela não achava nunca?

A pobre não chegou a terminar a Toutinegre do Moinho,

Que saía em folhetim no *Correio do Povo*!...

A última vez que a vi, ela ia dobrando aquele corredor escuro.

Ia encolhida, pequenininha, humilde. Seus passos não faziam [ruído.

E ela nem se voltou para trás!

Da vez primeira em que me assassinaram

Da vez primeira em que me assassinaram
Perdi um jeito de sorrir que eu tinha.
Depois, de cada vez que me mataram,
Foram levando qualquer coisa minha...

E hoje, dos meus cadáveres, eu sou
O mais desnudo, o que não tem mais nada...
Arde um toco de vela, amarelada...
Como o único bem que me ficou!

Vinde, corvos, chacais, ladrões da estrada!
Ah! desta mão, avaramente adunca,
Ninguém há de arrancar-me a luz sagrada!

Aves da Noite! Asas do Horror! Voejai!
Que a luz, trêmula e triste como um ai,
A luz do morto não se apaga nunca!

O dia seguinte ao do amor

Quando a luz estender a roupa nos telhados
E for todo o horizonte um frêmito de palmas
E junto ao leito fundo de nossas duas almas
Chamarem nossos corpos nus, entrelaçados,

Seremos, na manhã, duas máscaras calmas
E felizes, de grandes olhos claros e rasgados...
Depois, volvendo ao sol as nossas quatro palmas,
Encheremos o céu de voos encantados!...

E as rosas da Cidade inda serão mais rosas,
Serão todos felizes, sem saber por quê...
Até os cegos, os entrevadinhos... E

Vestidos, contra o azul, de tons vibrantes e violentos,
Nós improvisaremos danças espantosas
Sobre os telhados altos, entre o fumo e os cataventos!

Veranico

Um par de tamanquinhos
Prova o timbre da manhã.

Será o Rei dos Reis,
Com os seus tamanquinhos?

Ei-lo que volta agora zumbindo num trimotor.
Um reflexo joga os seus dados de vidro.
                                        alta
                              alta
E a minha janela é alta
Como o olhar dos que seguiram o voo do primeiro balão
Ou como esses poleiros onde cismam imóveis as invisíveis
                                                  [cacatuas de Deus.

A oferenda

Eu queria trazer-te uns versos muito lindos...

Trago-te estas mãos vazias

Que vão tomando a forma do teu seio.

A construção

Eles ergueram a Torre de Babel
Para escalar o Céu,
Mas Deus não estava lá!
Estava ali mesmo, entre eles,
Ajudando a construir a torre.

Sabotagem

Estragaram o Grande Espetáculo do Juízo Final
Porque
Antes do veredicto
Fizeram explodir tudo quanto era bomba H
E apenas ficou no meio do deserto
— misteriosamente sorrindo —
A dentadura postiça de Jeová.

O ovo

Na Terra deserta
A última galinha põe o último ovo.

Seu cocoricó não encontra eco...

O Anjo a que estava afeto o cuidado da Terra
Dá de asas e come o ovo.

Humm! o ovo vai sentar-lhe mal...
O OVO!

O Anjo, dobrado em dois, aperta em dores o ventre angélico.
De repente,
O Anjo cai duro, no chão!

(Alguém, invisível, ri baixinho...)

Canção do primeiro do ano

PARA LILA RIPOLI

Anjos varriam morcegos
Até jogá-los no mar.

Outros pintavam de azul,
De azul e de verde-mar,
Vassouras de feiticeiras,
Desbotadas tabuletas,
Velhos letreiros de bar.

Era uma carta amorosa?
Ou uma rosa que abrira?
Mas a mão correra ansiosa
— Ó sinos, mais devagar! —
À janela azul e rosa,
Abrindo-a de par em par.

Ó banho da luz, tão puro,
Na paisagem familiar:
Meu chão, meu poste, meu muro,
Meu telhado e a minha nuvem,
Tudo bem no seu lugar.

E os sinos dançam no ar.

De casa a casa, os beirais,

— Para lá e para cá —

Trocam recados de asas,

Riscando sustos no ar.

Silêncios. Sinos. Apelos. Sinos.
E sinos. Sinos. E sinos. Sinos.
Pregoeiros. Sinos. Risadas. Sinos.
E levada pelos sinos.
Toda ventando de sinos,
Dança a cidade no ar!

Dorme ruazinha...

Dorme, ruazinha... É tudo escuro...
E os meus passos, quem é que pode ouvi-los?
Dorme o teu sono sossegado e puro,
Com teus lampiões, com teus jardins tranquilos...

Dorme... Não há ladrões, eu te asseguro...
Nem guardas para acaso persegui-los...
Na noite alta, como sobre um muro,
As estrelinhas cantam como grilos...

O vento está dormindo na calçada,
O vento enovelou-se como um cão...
Dorme, ruazinha... Não há nada...

Só os meus passos... Mas tão leves são
Que até parecem, pela madrugada,
Os da minha futura assombração...

Do eterno mistério

"Um outro mundo existe... uma outra vida..."
Mas de que serve ires para lá?
Bem como aqui, tu'alma atônita e perdida
Nada compreenderá...

A primeira aventura

O corpo se esfez na terra:
O sopro que Deus lhe dera
Está livre como o vento.

Nunca pensou que pudesse
Andar por tantas lonjuras
Como anda o pensamento.

Mas não era de turismos...

Voltou, ficou por ali...
Leu o resto de uma página
Que deixara interrompida...

Sentou no topo da escada.
Sentou à beira da estrada.
Morte — que grande estopada!

Até que um Anjo Glorioso
Passou
Olhou
Não viu nada

... um anjo tão esplendente
que a própria luz o cegava!

Mobral

Só nos muros das velhas cidades
Desenham-se hieróglifos.
Só nas paredes de quartos solitários,
Mais do que no festim de Baltasar,
Aparecem mensagens.
Dizes que é da umidade? Deixa de positivismo!
A umidade é um meio de escrita como outro qualquer.
Tu, que apenas conheces as 23 ou 25 letras do alfabeto,
Não sejas tão lógico... Escuta a leitura do poeta!

Alma perdida

Depois que é o corpo arremessado sobre o cais do sono
Quem poderá dizer o que é feito da sua alma milenária?
Acaso
Ajunta-se às demais no primitivo abandono do mundo
Acossadas em grutas
Em profundas florestas
Onde se desenrolam imensamente as serpentes
E arde em silenciosa brasa o olhar fixo das feras?
Ou prostra-se ante os Deuses bárbaros
Com seus látegos de raios
Os seus pés de pedra imóveis e pesados como montanhas?
Ah! leva então muitos e muitos séculos até que a madrugada
Feita do cricrilar dos derradeiros grilos
Das cabeleiras úmidas e pendidas dos salsos
Até que a mão da madrugada
Afague
Suavemente as feições do adormecido à deriva...
Sim! À noite, as almas deste mundo vagam em alcateias
[como lobos,
O medo as traz unidas e ferozes
E só uma ou outra — a minha? — às vezes, solitária, fica...
— Olha:
Aquele negro, aquele enorme cão uivando para a Lua!

Noturno

Os grandes animais invisíveis e silenciosos da insônia
Vigilam meu corpo para me devassarem.
Adivinho que são felinos por sua incansável paciência.
Enfaixo-me de medo como um faraó em seus panos mortuários.
Inúteis conchas acústicas
Os meus ouvidos têm no escuro a angustiosa forma de um
[ponto de interrogação,
Mas ainda escuto. Até o grande relógio de pêndalo parou.
O tempo está morto de pé dentro dele como um chefe asteca.
Tento imaginar-lhe o rosto cheio de rugas como o solo gretado
[de um deserto.
Os felinos farejam-me.
Antes eu estivesse morto e não sentiria nada...
Mas
A primeira coisa que um morto faz depois de enterrado
É abrir novamente os olhos...
Como é que eu sei disso, meu Deus?!
Tão fácil acender a luz... Estendo a mão
Para a lâmpada de cabeceira e toco
Uma parede fria
Úmida
Musgosa...

Solau à moda antiga

Senhora, eu vos amo tanto
Que até por vosso marido
Me dá um certo quebranto...

Pois que tem que a gente inclua
No mesmo alastrante amor
Pessoa, animal ou cousa
Ou seja lá o que for,
Só porque os banha o esplendor
Daquela a quem se ama tanto?
E sendo desta maneira,
Não me culpeis, por favor,
Da chama que ardente abrasa
O nome de vossa rua,
Vossa gente e vossa casa

E vossa linda macieira
Que ainda ontem deu flor...

Guerra

Os aviões abatidos
são cruzes caindo do céu.

Parênteses

(Em meio ao turbilhão do mundo
O Poeta reza sem fé)

Pequeno poema didático

O tempo é indivisível. Dize,
Qual o sentido do calendário?
Tombam as folhas e fica a árvore,
Contra o vento incerto e vário.

A vida é indivisível. Mesmo
A que se julga mais dispersa
E pertence a um eterno diálogo
A mais inconsequente conversa.

Todos os poemas são um mesmo poema,
Todos os porres são o mesmo porre,
Não é de uma vez que se morre...
Todas as horas são horas extremas!

O poema

Uma formiguinha atravessa, em diagonal, a página ainda em branco. Mas ele, aquela noite, não escreveu nada. Para quê? Se por ali já haviam passado o frêmito e o mistério da vida...

O Deus vivo

Deus não está no céu. Deus está no fundo do poço
onde o deixaram tombar.

— Caim, o que fizeste do teu Deus?!

Suas unhas ensanguentadas arranham em vão as paredes
[escorregadias.
Deus está no inferno...

É preciso que lhe emprestemos todas as nossas forças
todo o nosso alento
para trazê-lo ao menos à face da terra.

E sentá-lo depois à nossa mesa
e dar-lhe do nosso pão e do nosso vinho.

E não deixar que de novo se perca.
Que de novo se perca... nem que seja no céu!

Escadas

Escadas de caracol
Sempre
São misteriosas, conturbam...
Quando as desce, a gente
Se desparafusa...
Quando a gente as sobe
Se parafusa
          — o peito
                    estreito —
                              o teto descendo
Descendo descendo como nas histórias de imortal horror!
Mas de que jeito,
Mas como pode ser,
Morrer cair rolar por uma escada de parafuso?
Além disso não têm, pelo que dizem, nenhuma acústica...
Oh! não há como as escadarias daqueles antigos edifícios
                                                            [públicos
Para ser assassinado...
Porém não fiques tão eufórico,
— nem tudo são rosas:
Há,
No sonho das velhas casas de cômodos onde moras,

Passos que vêm subindo degrau por degrau em direção ao
[teu quarto
E "sabes" que é um fantasma chamejante e fosfóreo
— o corpo todo feito de inconsumíveis labaredas verdes!
O melhor
Mesmo
É fechar os olhos
E pensar numa outra coisa...
Pensa, pensa
— o quanto antes!
Naquelas pobres escadas de madeira das casas pobres
— escurinho dos teus primeiros aconchegos...
Pensa em cascatas de risos
Escada abaixo
De crianças deixando a escola...
Pensa na escada do poema
Que tu
comigo
vens descendo
agora...
(Hoje em dia todas as escadas são para descer)
Mas não! este poema não é
Nenhum
Abrigo
Antiaéreo...
Ah, tu querias que eu te embalasse?!
Eu estava, apenas, explorando uns abismos...

Apontamentos para uma elegia

I

Debruço-me
Sobre mim
Com a melancolia
De quem contempla as coisas disparatadas que há na vitrina
[de um bric...
Pobre alma, menina feia!
As lágrimas embaciam os teus óculos.
E o mais triste é que não são verdadeiras lágrimas,
São um mero subproduto do tempo,
Como esse pó de asas de mariposas
Que ele vai esfarelando, aqui e ali, sobre todas as cousas...

II

O meu Anjo da Guarda é dentuço,
Tem uma asa mais baixa que a outra.

III

Obrigado, meninazinha, por esse olhar confiante,
Pelo teu beijo como uma estrelinha...
Há muito que eu não me sentia assim, tão bem comigo...
Há muito que só me dirigiam olhares de interrogação!

Poeta, está na hora em que os galos móveis dos para-raios
Bicam a rosa dos ventos,
Está na hora de trocares a tua veste feita de momentos...
Está na hora
E quando
Aflito
Levas
Teu relógio ao ouvido,
Só ouves o misterioso apelo das águas cantando distantes!

Floresta

Dédalo de dedos.
Lanterninhas súbitas.
Escutam as orelhas-de-pau. Ssssio...
O gigante deitado
Se virou pro outro lado.
A velha Carabô
Parou de pentear os cabelos.
E o Vencido... são as duas mãos e a cabeça do Vencido que
[se arrastam.
Que se arrastam penosamente para o poço da Lua,
Para o frescor da Lua, para o leite da Lua para a lua da lua!
(Filha, onde teria ficado o resto do corpo?)

O poema

Um poema como um gole dágua bebido no escuro.
Como um pobre animal palpitando ferido.
Como pequenina moeda de prata perdida para sempre na
[floresta noturna.
Um poema sem outra angústia que a sua misteriosa condição
[de poema.
Triste.
Solitário.
Único.
Ferido de mortal beleza.

Jazz

Deixa subirem os sons agudos, os sons estrídulos do jazz no ar.

Deixa subirem: são repuxos: caem...

Apenas ficarão os arroios correndo sem rumor dentro da noite.

E junto a cada arroio, nos campos ermos,
Um anjo de pedra estará postado.

O Anjo de Pedra que está sempre imóvel por detrás de todas
[as coisas —
Em meio aos salões de baile, entre o fragor das batalhas, nos
[comícios das praças públicas —
E em cujos olhos sem pupilas, brancos e parados,
Nada do mundo se reflete.

Mundo

E eis que naquele dia a folhinha marcava uma data em
[caracteres desconhecidos,
Uma data ilegível e maravilhosa.
Quem viria bater à minha porta?
Ai, agora era um outro dançar, outros os sonhos e incertezas,
Outro amar sob estranhos zodíacos...
Outro...
E o terror de construir mitologias novas!

De repente

Olho-te espantado:
Tu és uma Estrela do Mar.
Um minério estranho.
Não sei...

No entanto,
O livro que eu lesse,
O livro na mão.
Era sempre o teu seio!

Tu estavas no morno da grama,
Na polpa saborosa do pão...

Mas agora encheram-se de sombra os cântaros

E só o meu cavalo pasta na solidão.

O dia

O dia de lábios escorrendo luz
O dia está na metade da laranja
O dia sentado nu
Nem sente os pesados besouros
Nem repara que espécie de ser... ou deus... ou animal é esse
[que passa no frêmito da hora
Espiando o brotar dos seios.

Pino

Doze touros
Arrastam a pedra terrível.

Doze touros.
Os músculos vibram
Como cordas.

Nenhuma rosa
Nos cornos sonoros,
Nenhuma.

Nas torres que ficam acima das nuvens
Exausto de azul
Boceja o Rei de Ouros.

O Anjo Malaquias

O Ogre rilhava os dentes agudos e lambia os beiços grossos, com esse exagerado ar de ferocidade que os monstros gostam de apresentar, por esporte.

Diante dele, sobre a mesa posta, o Inocentinho balava, imbele. Chamava-se Malaquias — tão pequenininho e rechonchudo, pelado, a barriguinha pra baixo, na tocante posição de certos retratos da primeira infância...

O Ogre atou o guardanapo ao pescoço. Já ia o miserável devorar o Inocentinho, quando Nossa Senhora interferiu com um milagre. Malaquias criou asas e saiu voando, voando, pelo ar atônito... saiu voando janela em fora...

Dada, porém, a urgência da operação, as asinhas brotaram-lhe apressadamente na bunda, em vez de ser um pouco mais acima, atrás dos ombros. Pois quem nasceu para mártir, nem mesmo a Mãe de Deus lhe vale!

Que o digam as nuvens, esses lerdos e desmesurados cágados das alturas, quando, pela noite morta, o Inocentinho passa por entre elas, voando em esquadro, o pobre, de cabeça pra baixo.

E o homem que, no dia do ordenado, está jogando os sapatos dos filhos, o vestido da mulher e a conta do vendeiro, esse ouve, no entrechocar das fichas, o desatado pranto do Anjo Malaquias!

E a mundana que pinta o seu rosto de ídolo... E o empregadinho em falta que sente as palavras de emergência fugirem-lhe como cabelos de afogado... E o orador que para em meio de uma frase... E o tenor que dá, de súbito, uma nota em falso... Todos escutam, no seu imenso desamparo, o choro agudo do Anjo Malaquias!

E quantas vezes um de nós, ao levar o copo ao lábio, interrompe o gesto e empalidece... — O Anjo! O Anjo Malaquias! — ... E então, pra disfarçar, a gente faz literatura... e diz aos amigos que foi apenas uma folha morta que se desprendeu... ou que um pneu estourou, longe... na estrela Aldebaran...

Apocalipse

E eis que veio uma peste e acabou com todos os homens.
Mas em compensação ficaram as bibliotecas.
E nelas estava escrito o nome de todas as coisas.
Mas as coisas podiam chamar-se agora como bem quisessem.
E então o Pão de Açúcar se declarou Mancenilha.
E o hipopótamo só atendia por tico-tico.
E houve por tudo um grande espreguiçamento de alívio.
E Nosso Senhor ficou para sempre livre da terrível campanha
[dos comunistas.
E das apologéticas de Tristão de Athayde.

Margraff

De uma feita, descobri nas costas da folhinha o seguinte preciso informe:

"O açúcar de beterraba foi descoberto em 1747 por Margraff."

Desde então, nunca mais pude esquecê-lo.

E quando procuro, ansioso, entre os nevoeiros da memória, uma data esquecida, um nome, uma citação, ei-lo que aparece, implacável, esse Margraff, à prova de balas e de esconjuros. Por quê? Estarei ficando...?

Ou será o pobre Margraff que tenta desesperadamente sobreviver, transformando-se em ideia fixa?

Passarinho empalhado

Quem te empoleirou lá no alto
do chapéu da contravó,
tico-tico surubico?
Tão triste... tão feio... tão só...
Meu tico-tiquinho coberto de pó...
E tu que querias fazer o teu ninho
na máquina do Giovanni fotógrafo!

Trágico acidente de leitura

Tão comodamente que eu estava lendo, como quem viaja num raio de lua, num tapete mágico, num trenó, num sonho. Nem lia: deslizava. Quando de súbito a terrível palavra apareceu, apareceu e ficou, plantada ali diante de mim, focando-me: ABSCÔNDITO. Que momento passei!... O momento de imobilidade e apreensão de quando o fotógrafo se posta atrás da máquina, envolvidos os dois no mesmo pano preto, como um duplo monstro misterioso e corcunda... O terrível silêncio do condenado ante o pelotão de fuzilamento, quando os soldados dormem na pontaria e o capitão vai gritar: Fogo!

Se eu fosse Deus...

Se eu fosse Deus, eu mandava os comendadores mortos
— Oh, como nos havíamos de rir, ó Walt Disney! —
Eu os mandava a todos, com suas almas graves, encasacadas
[e de óculos,
Para o doido País das Sinfonias Coloridas.

Seiscentos e sessenta e seis

A vida é uns deveres que nós trouxemos para fazer em casa.
Quando se vê, já são 6 horas: há tempo...
Quando se vê, já é 6ª feira...
Quando se vê, passaram 60 anos!
Agora, é tarde demais para ser reprovado...
E se me dessem — um dia — uma outra oportunidade,
eu nem olhava o relógio
seguia sempre em frente...
e iria jogando pelo caminho a casca dourada e inútil das horas.

Envelhecer

Antes, todos os caminhos iam.

Agora todos os caminhos vêm.

A casa é acolhedora, os livros poucos.

E eu mesmo preparo o chá para os fantasmas.

Canção de barco e de olvido

Não quero a negra desnuda.
Não quero o baú do morto.
Eu quero o mapa das nuvens
E um barco bem vagaroso.

Ai esquinas esquecidas...
Ai lampiões de fins de linha...
Quem me abana das antigas
Janelas de guilhotina?

Que eu vou passando e passando,
Como em busca de outros ares...
Sempre de barco passando,
Cantando os meus quintanares...

No mesmo instante olvidando
Tudo o de que te lembrares.

Canção do amor imprevisto

Eu sou um homem fechado.
O mundo me tornou egoísta e mau.
E a minha poesia é um vício triste,
Desesperado e solitário
Que eu faço tudo por abafar.

Mas tu apareceste com a tua boca fresca de madrugada,
Com o teu passo leve,
Com esses teus cabelos...

E o homem taciturno ficou imóvel, sem compreender nada,
[numa alegria atônita...
A súbita, a dolorosa alegria de um espantalho inútil
Aonde viessem pousar os passarinhos!

Canção dos romances perdidos

Oh! o silêncio das salas de espera
Onde esses pobres guarda-chuvas lentamente escorrem...
O silêncio das salas de espera
E aquela última estrela...

Aquela última estrela
Que bale, bale, bale,
Perdida na enchente da luz...

Aquela última estrela
E, na parede, esses quadros lívidos,
De onde fugiram os retratos...

De onde fugiram todos os retratos...

E esta minha ternura,
Meu Deus,
Oh! toda esta minha ternura inútil, desaproveitada!...

Silêncios

Há um silêncio de antes de abrir-se um telegrama urgente
Há um silêncio de um primeiro olhar de desejo
Há um silêncio trêmulo de teias ao apanhar uma mosca
... e o silêncio de uma lápide que ninguém lê.

Motivo da rosa

A rosa, bela Infanta das sete saias
e cuja estirpe não lhe rouba, entanto,
o ar de menina, o recatado encanto
da mais humilde de suas aias,
a rosa, essa presença feminina,
que é toda feita de perfume e alma,
que tanto excita como tanto acalma,
a rosa... é como estar junto da gente
um corpo cuja posse se demora
— brutal possuí-lo nesta mesma hora
em sua virgindade inexperiente...
Rosa, ó fiel promessa de ventura
em flor... rosa paciente, ardente, pura!

Os pés

Meus pés no chão

Como custaram a reconhecer o chão!

Por fim os dedos dessedentaram-se no lodo macio,

[agarraram-se ao chão...

Ah, que vontade de criar raízes!

Tão lenta e serena e bela

"Tão lenta e serena e bela e majestosa vai passando a vaca
Que, se fora na manhã dos tempos, de rosas a coroaria
A vaca natural e simples como a primeira canção
A vaca, se cantasse,
Que cantaria?
Nada de óperas, que ela não é dessas, não!
Cantaria o gosto dos arroios bebidos de madrugada,
Tão diferente do gosto de pedra do meio-dia!
Cantaria o cheiro dos trevos machucados.
Ou, quando muito,
A longa, misteriosa vibração dos alambrados...
Mas nada de superaviões, tratores, êmbolos
E outros truques mecânicos!"

Elegia urbana

Rádios. Tevês.
Gooooooooooooooooooolo!!!
(O domingo é um cachorro escondido debaixo da cama)

O baú

Como estranhas lembranças de outras vidas,
que outros viveram, num estranho mundo,
quantas coisas perdidas e esquecidas
no teu baú de espantos... Bem no fundo,

uma boneca toda estraçalhada!
(isto não são brinquedos de menino...
alguma coisa deve estar errada)
mas o teu coração em desatino

te traz de súbito uma ideia louca:
é ela, sim! Só pode ser aquela,
a jamais esquecida Bem-Amada.

E em vão tentas lembrar o nome dela...
e em vão ela te fita... e a sua boca
tenta sorrir-te mas está quebrada!

A lua de Babilônia

Numa esquina do Labirinto
às vezes
avista-se a Lua.
“Não! como é possível uma lua subterrânea?”

(Mas cada um diz baixinho:
Deus te abençoe, visão...)

Poema para Juliano o apóstata

No tempo dos deuses tudo
era simples como eles
e natural e humano
e eles reinavam no mundo.

Mas veio um deus usurpador e único
e tornou o mundo incompreensível
porque o seu reino não era deste mundo.

E até hoje ninguém soube por que então ele expulsou
[os outros deuses
e ficou reinando sozinho
e fez todos os homens pecarem
— coisa que eles jamais haviam feito antes —
porque pecar com inocência não é pecar...

E os homens conheceram o terror maravilhoso do pecado
— e assim o novo deus lhes trouxe uma volúpia nova.

Da contradição

Se te contradisseste e acusam-te... sorri.
Pois nada houve, em realidade.
Teu pensamento é que chegou, por si,
Ao outro polo da Verdade...

O circo o menino a vida

A moça do arame
equilibrando a sombrinha
era de uma beleza instantânea e fulgurante!
A moça do arame ia deslizando e despindo-se.
Lentamente.
Só para judiar.
E eu com os olhos cada vez mais arregalados
até parecerem dois pires.
Meu tio dizia:
"Bobo!
Não sabes
que elas sempre trazem uma roupa de malha por baixo?"
(Naqueles voluptuosos tempos não havia maiôs nem biquínis...)
Sim! Mas toda a deliciante angústia dos meus olhos virgens
segredava-me
sempre:
"Quem sabe?..."

Eu tinha oito anos e sabia esperar.

Agora não sei esperar mais nada
Desta nem da outra vida,

No entanto

o menino

(que não sei como insiste em não morrer em mim)

ainda e sempre

apesar de tudo

apesar de todas as desesperanças,

O menino

às vezes

segreda-me baixinho

"Titio, quem sabe?..."

Ah, meu Deus, essas crianças!

Terceira canção de muito longe

Da última vez que atravessei aquele corredor escuro
Ele estava cheio de passarinhos mortos...

O espelho

E como eu passasse por diante do espelho
Não vi meu quarto com as suas estantes
Nem este meu rosto
Onde escorre o tempo.

Vi primeiro uns retratos na parede:
Janelas onde olham avós hirsutos
E as vovozinhas de saia-balão
Como paraquedistas às avessas que subissem do fundo
[do tempo.

O relógio marcava a hora
Mas não dizia o dia. O Tempo,
Desconcertado,
Estava parado.

Sim, estava parado
Em cima do telhado...
Como um catavento que perdeu as asas!

O que chegou de outros mundos

Tenho uma cadeira de espaldar muito alto
Para o visitante noturno
E enquanto levemente balanço entre uma e outra vaga de sono,
Ei-lo

O que chegou de outros mundos —
Ali sentado e sem um movimento.

Talvez me olhe como se eu fora a branca estátua derribada
[de um deus.

Talvez me olhe como a uma forma já ultrapassada
(que tudo o seu espanto e imobilidade pode dizer).

E eu
Então
— ele ainda deve estar ali! —
Levanto-me e vou cumprindo
Todos os meus rituais.

Todos os estranhos rituais de minha condição e espécie.
Religiosamente. Cheio de humildade e orgulho.

Ah, sim, a velha poesia...

Poesia, a minha velha amiga...
eu entrego-lhe tudo
a que os outros não dão importância nenhuma...
a saber:
o silêncio dos velhos corredores
uma esquina
uma lua
(porque há muitas, muitas luas...)
o primeiro olhar daquela primeira namorada
que ainda ilumina, ó alma,
como uma tênue luz de lamparina,
a tua câmara de horrores.
E os grilos?
Não estão ouvindo, lá fora, os grilos?
Sim, os grilos...
Os grilos são os poetas mortos.

Entrego-lhe grilos aos milhões um lápis verde um
retrato amarelecido um velho ovo de costura os teus
pecados as reivindicações as explicações — menos
o dar de ombros e os risos contidos
mas

todas as lágrimas que o orgulho estancou na fonte
as explosões de cólera
o ranger de dentes
as alegrias agudas até o grito
a dança dos ossos...

Pois bem,
às vezes
de tudo quanto lhe entrego, a Poesia faz uma coisa que parece que nada tem a ver com os ingredientes mas que tem por isso mesmo um sabor total eternamente esse gosto de nunca e de sempre.

Cantiguinha de verão

Anda a roda
Desanda a roda

E olha a lua a lua a lua!

Cada rua tem a sua roda
E cada roda tem a sua lua

No meio da rua
Desanda a roda: Oh,

Ficou a lua
Olhando em roda...

Triste de ser uma lua só!

Noturno arrabaleiro

Os grilos... os grilos... Meu Deus, se a gente
Pudesse
Puxar
Por uma
Perna
Um só
Grilo,
Se desfiariam todas as estrelas!

Traduzido de Raymond Queneau

Meu Deus, que vontade me deu de escrever um poeminho
Olha, agora mesmo vai passando um!
Pst pst pst
Vem para cá para que eu te enfie
Na fieira de meus outros poemas
Vem cá para que eu te entube
Nos comprimidos de minhas obras completas
Vem cá para que eu te empoete
Para que eu te enrime
Para que eu te enritme
Para que eu te enlire
Para que eu te empégase
Para que eu te enverse
Para que eu te emprose
Vem cá...
Vaca!
Escafedeu-se.

A tentação e o anagrama

Quem vê um fruto
pensa logo em furto

Poema entredormido ao pé da lareira

O anjo depenado tremia de frio
Mas veio o Conde Drácula e emprestou-lhe a sua capa negra.
Na litografia da parede
Helena a bela grega
Mantém sua pose olímpica... Desloca-se um tição:
Uma chama
Começa a lamber como um gato minha perna de pau.

Outro princípio de incêndio

... a tua cabeleira feita de chamas negras...

Cruel amor

Um dia, da ponta daquela mesa comum de hóspedes,
Dona Glorinha me interpelou:
— Seu Mario, o senhor ainda não leu o CRUEL AMOR?
Não, eu nunca tinha lido o CRUEL AMOR...
Pois tudo que falta à minha vida
toda a imperfeição em que ainda me debato
vem de eu nunca ter lido o CRUEL AMOR...
de ter achado ridículo o título...
de ter achado ridícula a transcendental pergunta de
[Dona Glorinha!

O lampião

A janelinha de acetilene do lampião da esquina tinha uma luz que não era a do dia nem a da noite... a mesma luz que banhava as pessoas, animais e coisas que a gente via em sonhos... aquela mesma luz que deveria enluarar, mais tarde, as janelas altas do outro mundo...

Sempre

Jamais se saberá com que meticuloso cuidado
Veio o Todo e apagou o vestígio de Tudo
E
Quando nem mais suspiros havia
Ele surgiu de um salto
Vendendo súbitos espanadores de todas as cores!

A gente ainda não sabia

A gente ainda não sabia que a Terra era redonda.
E pensava-se que nalgum lugar, muito longe,
Deveria haver num velho poste uma tabuleta qualquer
— uma tabuleta meio torta
E onde se lia, em letras rústicas: FIM DO MUNDO.
Ah! depois nos ensinaram que o mundo não tem fim
E não havia remédio senão irmos andando às tontas
Como formigas na casca de uma laranja.
Como era possível, como era possível, meu Deus,
Viver naquela confusão?
Foi por isso que estabelecemos uma porção de fins de mundo...

Noturno

Nem tudo está
Mudado:
Durante o sono
O passado
Em cada esquina põe um daqueles antigos lampiões.
E os autos, minha filha, esses ainda nem foram inventados...

Só essa velha carruagem rodando rodando
Sobre as pedras irregulares do calçamento.

Essa velha carruagem que passa, noite alta pelas ruas...

E ao fundo do teu sono há uma lamparina acesa
— das que outrora havia ao pé de algumas imagens,
Ela arde sem saber como a parede é nua.

Mas
Há um cigarro que se esfez em cinza à tua
Cabeceira — sem simbolismo algum — um toco
De cigarro apenas...

Se eu fosse um padre

Se eu fosse um padre, eu, nos meus sermões,
não falaria em Deus nem no Pecado
— muito menos no Anjo Rebelado
e os encantos das suas seduções,

não citaria santos e profetas:
nada das suas celestiais promessas
ou das suas terríveis maldições...
Se eu fosse um padre eu citaria os poetas,

Rezaria seus versos, os mais belos,
desses que desde a infância me embalaram
e quem me dera que alguns fossem meus!

Porque a poesia purifica a alma
... e um belo poema — ainda que de Deus se aparte —
um belo poema sempre leva a Deus!

Eu sou aquele

PARA CARLOS NEJAR

Eu sou aquele que, estando sentado a uma janela,
a ouvir o Apóstolo das Gentes,
adormeci e caí do alto dela.
Nem sei mais se morri ou fui miraculado:

consultai os Textos, no lugar competente —
o que importa é que o Deus que eu tanto ansiava
como uma luz que se acendesse de repente,
era-me vestido com palavras e mais palavras

e cada palavra tinha o seu sentido...
Como as entenderia — eu tão pobre de espírito
como era simples de coração?

E pouco a pouco se fecharam os meus olhos...
e eu cada vez mais longe... no acalanto
de uma quase esquecida canção...

(Atos dos Apóstolos, XX, 9.)

Do belo

Nada, no mundo, é, por si mesmo, feio.
Inda a mais vil mulher, inda o mais triste poema,
Palpita sempre neles o divino anseio
Da beleza suprema...

Das utopias

Se as coisas são inatingíveis... ora!
Não é motivo para não querê-las...
Que tristes os caminhos, se não fora
A mágica presença das estrelas!

Cinco fábulas

PARA ANTÔNIO BRASIL MILANO

I

A mosca, a debater-se: "Não! Deus não existe!
Somente o Acaso rege a terrena existência!"
A aranha: "Glória a Ti, Divina Providência,
Que à minha humilde teia essa mosca atraíste!"

II

Com a pele do leão vestiu-se o burro um dia.
Porém no seu encalço, a cada instante e hora,
"Olha o burro! Fiau! Fiau!" gritava a bicharia...
Tinha o parvo esquecido as orelhas de fora!

III

Mono Velho, a gemer de gota, avista um leão.
Qual gota! Qual o quê! Logo trepa a um coqueiro.
Nada, para esquecer uma aflição,
Como um grande tormento verdadeiro...

IV

Gato do mato e leão, conforme o combinado,
Juntos caçavam corças pelo mato.
As corças escaparam... Resultado:
Não escapou o gato.

V

Diz o elefante às rãs que em torno dele saltam:
"Mais compostura! ó Céus! Que piruetas incríveis!"
Pois são sempre, nos outros, desprezíveis
As qualidades que nos faltam...

O tempo

O despertador é um objeto abjeto.
Nele mora o Tempo. O Tempo não pode viver sem
[nós, para não parar.
E todas as manhãs nos chama freneticamente como um velho
[paralítico a tocar a campainha
atroz.
Nós
é que vamos empurrando, dia a dia, sua cadeira de rodas.
Nós, os seus escravos.
Só os poetas
os amantes
os bêbados
podem fugir
por instantes
ao Velho... Mas que raiva impotente dá no Velho
quando encontra crianças a brincar de roda
e não há outro jeito senão desviar delas a sua cadeira de rodas!
Porque elas, simplesmente, o ignoram...

O autorretrato

No retrato que me faço
— traço a traço —
Às vezes me pinto nuvem,
Às vezes me pinto árvore...

Às vezes me pinto coisas
De que nem há mais lembrança...
Ou coisas que não existem
Mas que um dia existirão...

E, desta lida, em que busco
— pouco a pouco —
Minha eterna semelhança,

No final, que restará?
Um desenho de criança...
Corrigido por um louco!

Elegia

Minha vida é uma colcha de retalhos,
todos da mesma cor...

Liberdade condicional

Poderás ir até a esquina
Comprar cigarros e voltar
Ou mudar-te para a China
— só não podes sair de onde tu estás.

Bilhete

Se tu me amas, ama-me baixinho
Não o grites de cima dos telhados
Deixa em paz os passarinhos
Deixa em paz a mim!
Se me queres,
enfim,
tem de ser bem devagarinho, Amada,
que a vida é breve, e o amor mais breve ainda...

Da perfeição da vida

Por que prender a vida em conceitos e normas?
O Belo e o Feio... o Bom e o Mau... Dor e Prazer...
Tudo, afinal, são formas
E não degraus do ser!

Pedra rolada

Esta pedra que apanhaste acaso à beira do caminho
— tão lisa de tanto rolar —
é macia como um animal que se finge de morto.

Apalpa-a... E sentirás, miraculosamente,
a suave serenidade com que os mortos recordam...

Mortos?! Basta-lhes ter vivido
um pouco
para jamais poderem estar mortos

— e esta pedra pertence ao universo deles,
ao nosso Universo...

Deposita-a
no chão,
cuidadosamente...

Esta pedra está viva!

Esperança

Lá bem no alto do décimo segundo andar do Ano
Vive uma louca chamada Esperança
E ela pensa que quando todas as sirenas
Todas as buzinas
Todos os reco-recos tocarem
Atira-se
E
— ó delicioso voo!
Ela será encontrada miraculosamente incólume na calçada,
Outra vez criança...
E em torno dela indagará o povo:
— Como é teu nome, meninazinha de olhos verdes?
E ela lhes dirá
(É preciso dizer-lhes tudo de novo!)
Ela lhes dirá bem devagarinho, para que não esqueçam:
— O meu nome é ES-PE-RAN-ÇA...

A terra

As fronteiras foram riscadas no mapa,
A Terra não sabe disso:
São para ela tão inexistentes
Como esses meridianos com que os velhos sábios a recortaram
Como se fosse um melão.
É verdade que vem sentindo há muito uns pruridos.
Uma leve comichão que às vezes se agrava:
Ela não sabe que são os homens...
Ela não sabe que são os homens com as suas guerras
E outros meios de comunicação.

Comunicação

... mas a Grande Mensagem
— quem diria?
Era mesmo a daquele profeta que todos pensaram que fosse
[um louco
Só porque saiu desfilando nu pelas ruas,
Com um enorme cartaz inteiramente em branco...

Canção de um dia de vento

PARA MAURÍCIO ROSENBLATT

O vento vinha ventando
pelas cortinas de tule.

As mãos da menina morta
Estão varadas de luz.
No colo, juntos, refulgem
Coração, âncora e cruz.

Nunca a água foi tão pura...
Quem a teria abençoado?
Nunca o pão de cada dia
Teve um gosto mais sagrado.

E o vento vinha ventando
Pelas cortinas de tule...

Menos um lugar na mesa,
Mais um nome na oração,
Da que consigo levara
Cruz, âncora e coração

(E o vento vinha ventando...)

Daquela de cujas penas
Só os anjos saberão!

Uma simples elegia

Caminhozinho por onde eu ia andando
E de repente te sumiste,
— o que seria que te aconteceu?
Eu sei... o tempo... as ervas más... a vida...
Não, não foi a morte que acabou contigo:
Foi a vida.
Ah, nunca a vida fez uma história mais triste
Que a de um caminho que se perdeu...

Tarde antiga

Era a mais suave, a mais azul das tardes...
tão calma que só poderá ter sido
naqueles tempos do bom Reyno Unido
de Portugal, Brasil & Algarve...
Te lembras dessas tardes, Dom João VI?
Pois foi por uma dessas nossas tardes.
Estava eu a meditar um texto
do meu querido Manuel Bernardes
eis senão quando... nada aconteceu:
apenas, eu... não era eu...
nem tu o Rei... as almas não têm nome...
e — no Todo onde tudo se consome —
a mesma pura chama consumia
minha miséria e tua hierarquia!

Canção paralela

Por uma escada que levava até o rio...
Por uma escarpa que subia até as nuvens...
Pezinhos nus
Desceram...
Mãos nodosas
Grimparam...

E havia um coraçãozinho que batia assustado, assustado...
E um coração tão duro que era como se estivesse parado...

Um escorria fel...
O outro, lágrimas...
No rosto dele havia sulcos como de arado...
No rosto dela a boca era uma flor machucada...

E até a morte os separou!

Canção de outono

PARA SALIM DAOU

O outono toca realejo
No pátio da minha vida.
Velha canção, sempre a mesma,
Sob a vidraça descida...

Tristeza? Encanto? Desejo?
Como é possível sabê-lo?
Um gozo incerto e dorido
De carícia a contrapelo...

Partir, ó alma, que dizes?
Colher as horas, em suma...
Mas os caminhos do Outono
Vão dar em parte nenhuma!

Canção do charco

Uma estrelinha desnuda
Está brincando no charco.

Coaxa o sapo. E como coaxa!
A estrelinha dança em roda.

Cricrila o grilo. Que frio!
A estrelinha pula, pula.

Uma estrelinha desnuda
Dança e pula sobre o charco.

Para enamorá-la, o sapo
Põe seu chapéu de cozinheiro...

Uma estrelinha desnuda!

O grilo, que é pobre, esse
Escovou seu traje preto...

Desnuda por sobre o charco!
Uma estrelinha desnuda

Brinca... e de amantes não cuida...

Que brancos são seus pezinhos...
Que nua!

Canção da noite alta

Menina está dormindo.
Coração bolindo.
Mãe, por que não fechaste a janela?
É tarde, agora:
Pé ante pé
Vem vindo
O Cavaleiro do Luar.
Na sua fronte de prata
A lua se retrata.
No seu peito
Bate um coração perfeito.
No seu coração
Dorme um leão,
Dorme um leão com uma rosa na boca.
E o príncipe ergue o punhal no ar:
... um grito
aflito...
        Louca!

Canção de garoa

Em cima do meu telhado
Pirulin lulin lulin,
Um anjo, todo molhado,
Soluça no seu flautim.

O relógio vai bater:
As molas rangem sem fim.
O retrato na parede
Fica olhando para mim.

E chove sem saber por quê...
E tudo foi sempre assim!
Parece que vou sofrer;
Pirulin lulin lulin...

Pequena crônica policial

Jazia no chão, sem vida,
E estava toda pintada!
Nem a morte lhe emprestara
A sua grave beleza...
Com fria curiosidade,
Vinha gente a espiar-lhe a cara,
As fundas marcas da idade,
Das canseiras, da bebida...
Triste da mulher perdida
Que um marinheiro esfaqueara!
Vieram uns homens de branco,
Foi levada ao necrotério.
E quando abriam, na mesa,
O seu corpo sem mistério,
Que linda e alegre menina
Entrou correndo no Céu?!
Lá continuou como era
Antes que o mundo lhe desse
A sua maldita sina:
Sem nada saber da vida,
De vícios ou de perigos,
Sem nada saber de nada...

Com a sua trança comprida,

Os seus sonhos de menina,

Os seus sapatos antigos!

Da beleza das almas

Se é bela a alma em si, que importa o proceder?
Com Marco Antônio, rei da sedução,
Sentiriam os Anjos mais prazer
Do que na companhia de Catão...

Tristeza de escrever

Cada palavra é uma borboleta morta espetada na página:

Por isso a palavra escrita é sempre triste...

Que horas são?

Comecei a escrever este poema às 12h23min de 12 de agosto
[de 1974

Os pesquisadores não querem outra vida
Eles morrem por dados
— mal sabem que a vida é um incerto e implacável jogo
[de dados...

E eu tanto que desejava que minha biografia
terminasse de súbito
simplesmente assim:
"Desaparecido na batalha de Itororó"!
(Desaparecido? Meu Deus, quem sabe se ainda estarei vivo?!)

Segundo poema didático

PARA MIRANDA NETTO

Nós ainda estamos resolvendo os assuntos de Roma,
nós somos Roma
e o velho Egito e Nínive e Babilônia...
E,
apesar das brincadeiras laboratoriais,
ainda somos gerados da mesma maneira.
Nada nasce do ar.
Os próprios deuses,
tão diversos,
são,
conforme a vez, o tempo, a ocasião,
as fantasias sucessivamente usadas e despidas
pelo Deus único e verdadeiro.
Uma divina mascarada? Não!
Ele não tem a mínima culpa dos costureiros.
Por trás dos disfarces
— no meio de todos e de tudo —
sorri, complacentemente,
o Deus Nu.
Sorri, sobretudo,

para o poeta que toca o pandeiro
a lira
o pífano
o violoncelo profundo
enquanto,
ao pé de todas as cruzes,
soldados jogam aos dados
os destinos de Roma e do mundo.

Depoimento

"Cessou o jorro das fontes"
— anotou aquele velho escriba em suas tábuas...
E mal sabia ele que essa era a maior História
Da invasão de Roma pelos bárbaros!

A menina

Ao longo dos muros da morte
Corre a menina com o arco.
O vento agita-lhe a saia florida
E a terra negra nem lhe imprime o rastro...

Depois

Nem a coluna truncada:
Vento.
Vento escorrendo cores,
Cor dos poentes nas vidraças.
Cor das tristes madrugadas.
Cor da boca...
Cor das tranças...
Ah,
Das tranças avoando loucas
Sob sonoras arcadas...
Cor dos olhos...
Cor das saias
Rodadas...
E a concha branca da orelha
Na imensa praia
Do tempo.

Indivisíveis

O meu primeiro amor sentávamos numa pedra
Que havia num terreno baldio entre as nossas casas.
Falávamos de coisas bobas,
Isto é, que a gente grande achava bobas
Como qualquer troca de confidências entre crianças de
[cinco anos.
Crianças...
Parecia que entre um e outro nem havia ainda separação
[de sexos
A não ser o azul imenso dos olhos dela,
Olhos que eu não encontrava em ninguém mais,
Nem no cachorro e no gato da casa,
Que tinham apenas a mesma fidelidade sem compromisso
E a mesma animal — ou celestial — inocência,
Porque o azul dos olhos dela tornava mais azul o céu:
Não, não importava as coisas bobas que disséssemos.
Éramos um desejo de estar perto, tão perto
Que não havia ali apenas duas encantadas criaturas
Mas um único amor sentado sobre uma tosca pedra,
Enquanto a gente grande passava, caçoava, ria-se, não sabia
Que eles levariam procurando uma coisa assim por toda a sua
[vida...

Carreto

Amar é mudar a alma de casa.

Quem bate?

Cecília, Cecília que chega de um pátio da infância...
Traz ainda sereno nas tranças,
Seus sapatinhos andaram pulando na grama...
Depois assenta-se nos degraus da torre e canta...
Mas o chaveiro do sonho pegou-lhe as tranças, teceu
[cordoalhas para o seu navio.
Mas o chaveiro do sonho pegou-lhe a canção... E fez um vento
[longo e triste.
E eu pensava que toda a minha tristeza vinha apenas do vento,
Da solidão do mar,
Da incerteza daquela viagem num navio perdido...

Cecília Meireles

I

Seus poemas desenhavam seu fino hastil
Suas corolas vibrantes como pequeninas violas
(ou era a vibração incessante dos grilos?)
Seus poemas floriam na tapeçaria ondulante dos prados
Onde os colhia a mão das eternamente amadas
(as que morreram jovens são eternamente amadas...)

II

Seus poemas,
Dentre as páginas de um seu livro,
Apareciam sempre de surpresa,
E era como se a gente descobrisse uma folha seca
Um bilhete de outrora
Uma dor esquecida
Que têm agora o lento e evanescente odor do tempo...

III

E seus poemas eram, de repente, como uma prece jamais ouvida
Que nossos lábios recitavam — ó temerosa delícia!
Como se, numa língua desconhecida,
Sem querer, falassem

Da brevidade

E da

Eternidade da vida...

IV

Ah, aquela a quem seguiam os versos ondulantes como dóceis
[panteras

E deixava por todas as coisas o misterioso reflexo do seu sorriso;

E que na concha de suas mãos, encantada e aflita recebia

A prata das estrelas perdidas...

V

Nem tudo estará perdido

Enquanto nossos lábios não esquecerem teu nome: Cecília...

Da paginação

Os livros de poemas devem ter margens largas e muitas páginas em branco e suficientes claros nas páginas impressas, para que as crianças possam enchê-los de desenhos — gatos, homens, aviões, casas, chaminés, árvores, luas, pontes, automóveis, cachorros, cavalos, bois, tranças, estrelas — que passarão também a fazer parte dos poemas...

Souvenir d'enfance

Minha primeira namorada me escutava com um ar de
[cachorrinho Victor:
Todas aquelas minhas grandes mentirinhas eram verdades
[para ela...
Para mim também!

Poema

O grilo procura
No escuro
O mais puro diamante perdido.

O grilo
Com as suas frágeis britadeiras de vidro
Perfura

As implacáveis solidões noturnas.

E se isso que tanto buscas só existe
Em tua límpida loucura

— que importa? —

Exatamente isto
É o teu diamante mais puro!

Cocktail party

PARA ELENA QUINTANA

Não tenho vergonha de dizer que estou triste,
Não dessa tristeza ignominiosa dos que, em vez de se
[matarem, fazem poemas:
Estou triste porque vocês são burros e feios
E não morrem nunca...
Minha alma assenta-se no cordão da calçada
E chora,
Olhando as poças barrentas que a chuva deixou.
Eu sigo adiante. Misturo-me a vocês. Acho vocês uns amores.
Na minha cara há um vasto sorriso pintado a vermelhão.
E trocamos brindes,
Acreditamos em tudo o que vem nos jornais.
Somos democratas e escravocratas.
Nossas almas? Sei lá!
Mas como são belos os filmes coloridos!
(Ainda mais os de assuntos bíblicos...)
Desce o crepúsculo
E, quando a primeira estrelinha ia refletir-se em todas as
[poças dágua,
Acenderam-se de súbito os postes de iluminação!

Fragmento de ode

Camões,

Seu nome retorcido como um búzio!

Nele sopra Netuno...

Para escreveres num cartão-postal

Ó céus de Porto Alegre,

Como farei para levar-vos para o Céu?!

Sesta antiga

A ruazinha lagarteando ao Sol.
O coreto de música deserto
Aumenta ainda mais o silêncio.
Nem um cachorro.
Este poeminho
É só o que acontece no mundo...

História mágica

Era um perfume tão pesado que os corpos se amolentavam, rendidos, e uma névoa de banho de vapor esfumava o contorno das flores de pétalas abertas, dos frutos enormes, que pareciam prestes a cair. Não se sabia se eram cobras dormentes, ou lianas semivivas, aquelas coisas pendidas das galharias... Pássaros não se viam, nem sáurios furtivos, nem grandes ou pequenos quadrúpedes. Mas gritos misteriosos, que a gente não podia identificar, feriam de quando em quando os ouvidos, acordando-os do torpor em que os adormecia o zumbir ininterrupto dos insetos. Os pés chapinhavam, como em barro, no musgo verdoengo que tapetava o chão.

Caminhávamos, arquejávamos, sem dizer palavra. O nosso guia e rei seguia à frente, invisível, sua presença acusando-se (nas horas de maior angústia, parecia) por um agitar frenético de guizos. Um dia, não mais o escutamos e cada qual, com um ingrato alívio, seguiu o seu próprio caminho. Cada qual se extraviou, sentou-se, enfim, para morrer.

E cada um morria pensando invejosamente que os outros houvessem encontrado alguma coisa, uma fonte de virtudes nunca imaginadas, uma princesa, um mágico, algum Deus ainda bárbaro ou no seu mais adiantado estágio, mas sempre um deus, mas sempre alguma coisa. Pensava em tudo isto, sim... e sentia, no entanto, um monstruoso orgulho de morrer sozinho...

Descobertas

Descobrir Continentes é tão fácil como esbarrar com um
[elefante:
Poeta é o que encontra uma moedinha perdida...

As covas

O bicho,
Quando quer fugir dos outros,
Faz um buraco na terra.

O homem,
para fugir de si,
fez um buraco no céu.

O ovo *sapiens*

O homem não pode pensar os longos pensamentos esparsos e
[dispersos das árvores rumorejando,
das árvores criando inumeravelmente as folhas
o homem não pode distendê-los irresponsáveis e belos como
[as nuvens
cardadas pelo vento,
o homem pensa para dentro, e disto orgulha-se. porque
na sua cabeça cabe o universo
como num ovo.
Na sua cabeça está o universo
— aprisionado —
tal como estava dentro da mão de Deus
antes que seus dedos se abrissem na infinita distensibilidade
[da Criação.
O homem tem a pobre, a estreita cabeça
fechada...
(Porém não para sempre, meu Deus... Não para sempre!)

Tia Élida

Sua alma dilacerada pelas renas da madrugada
Enevoa a minha vidraça.
"Deixaste mais uma vez a lâmpada acesa" — diz ela.
Essa tia Élida...
Tão viva, a coitada,
Que eu ainda me irrito com ela!

Do sobrenatural

Vozes ciciando nas frinchas... vozes de afogados soluçando nas ondas... vozes noturnas, chamando... pancadas no quarto ao lado, por detrás dos móveis, debaixo da cama... gritos de assassinados ecoando ainda nos corredores malditos... Qual nada! O que mais amedronta é o pranto dos recém-nascidos: aí é que está a verdadeira voz do outro mundo.

Desespero

Não há nada mais triste do que o grito de um trem no silêncio noturno. É a queixa de um estranho animal perdido, único sobrevivente de alguma espécie extinta, e que corre, corre, desesperado, noite em fora, como para escapar à sua orfandade e solidão de monstro.

Noturno

Tudo ficou mais leve no escuro da casa.
As escadas pararam de repente no ar...
Mas os anjos sonâmbulos continuam subindo os degraus
[truncados.
Atravessando os espelhos como se entrassem numa outra sala.
O sonho vai devorando os sapatos
Os pés da cama
O tempo.
Vovô resmunga qualquer coisa no fim do século passado.

A cozinheira

A cozinheira preta
preta e gorda
com seu claro sorriso de lua

Haikai

Rosa suntuosa e simples,
como podes estar tão vestida
e ao mesmo tempo inteiramente nua?

A adolescente

Arvorezinha crescendo...
                    crescendo...
                        crescendo...
Até brotarem dois pomos!

História quase mágica

O Idiota da Aldeia gostava de coisas brilhantes.
Mal nos respondia: éramos apenas gentes...
Mas uma noite o surpreendi falando longamente a um trinco
[de porta
Redondo, luzente de luar.
Só vos digo,
Ao que me parece,
Que o brilho do metal ora abrandava, ora fulgia mais,
Como se por instantes ouvisse e depois respondesse.
Só vos digo que, nestes ocultos assuntos, nada se pode dizer...

Libertação

A morte é a libertação total:
A morte é quando a gente pode, afinal,
Estar deitado de sapatos...

O serão

Inutilmente, ao longo das ruas,
Os Anjos fazem trottoir...
Inutilmente...

Ninguém quer levar para casa
um pouco de céu:
a lembrança do que se perdeu
sempre incomoda...

Nos apartamentos
Os solitários bebem uísque e soda
Os afamiliados também.

Subitamente
um deles ri muito alto
— não se lembra de quê...

Um último Anjo retirante
espia
espia ainda a velha sala iluminada.

A luta

Quando eu era pequenino
Atirava rimas ao poema
Como ossos a um cãozinho...

Eu cresci. Ele cresceu. Agora...
Que é ele e quem sou eu,
Que não mais nos conhecemos?

Quando, agora, a sós ficamos,
Nous hurlons de nous trouver ensemble:
Quase que nos devoramos...

Mas vem a aurora apagadora de lampiões
E vem, pé ante pé, a hora
Burguesa e triste do café

(Pelas encostas do tempo
Soluçam rimas de outrora...)

E fica tudo para o próximo
Round!

Retrato sobre a cômoda

Ah! esses quadros de antanho
quase tão horríveis como a palavra antanho...
não de um horrível ridículo mas de um horrível triste,
porque se pode ver entre o vidro e o retrato
uma folha outrora verde, uns cabelos que já foram vivos
e agora para sempre imóveis na moldura negra
e, na fotografia, alguém está sorrindo eternamente
quando um sorriso, para ser sorriso, devia ser efêmero...
Lá fora é uma tarde *fin de siècle*, uma tarde outoniça que parece
tirada da gaveta desta cômoda

... e, nas cartas antigas, também o amor amarelece.

A noite grande

Sem o coaxar dos sapos ou o cri-cri dos grilos
como é que poderíamos dormir tranquilos
a nossa eternidade? Imagina
uma noite sem o palpitar das estrelas
sem o fluir misterioso das águas.
Não digo que a gente saiba que são águas
estrelas
grilos...
— morrer é simplesmente esquecer as palavras.
E conhecermos Deus, talvez,
sem o terror da palavra DEUS!

Este quarto...

PARA GUILHERMINO CÉSAR

Este quarto de enfermo, tão deserto
de tudo, pois nem livros eu já leio
e a própria vida eu a deixei no meio
como um romance que ficasse aberto...

que me importa este quarto, em que desperto
como se despertasse em quarto alheio?
Eu olho é o céu! imensamente perto,
o céu que me descansa como um seio.

Pois só o céu é que está perto, sim,
tão perto e tão amigo que parece
um grande olhar azul pousado em mim.

A morte deveria ser assim:
um céu que pouco a pouco anoitecesse
e a gente nem soubesse que era o fim...

As mãos de meu pai

As tuas mãos têm grossas veias como cordas azuis
sobre um fundo de manchas já da cor da terra
— como são belas as tuas mãos
pelo quanto lidaram, acariciaram ou fremiram da nobre
[cólera dos justos...
Porque há nas tuas mãos, meu velho pai, essa beleza que se
[chama simplesmente vida.
E, ao entardecer, quando elas repousam nos braços da tua
[cadeira predileta,
uma luz parece vir de dentro delas...
Virá dessa chama que pouco a pouco, longamente, vieste
[alimentando na terrível solidão do mundo,
como quem junta uns gravetos e tenta acendê-los contra o vento?
Ah! como os fizeste arder, fulgir, com o milagre das tuas mãos!
E é, ainda, a vida que transfigura as tuas mãos nodosas...
essa chama de vida — que transcende a própria vida
... e que os Anjos, um dia, chamarão de alma.

Inscrição para uma lareira

A vida é um incêndio: nela
dançamos, salamandras mágicas.
Que importa restarem cinzas
se a chama foi bela e alta?
Em meio aos toros que desabam,
cantemos a canção das chamas!

Cantemos a canção da vida,
na própria luz consumida...

Eu estava dormindo e acordaram-me

... e me encontrei num mundo incerto e louco!

Mas quando eu começava a compreendê-lo

um pouco,

já eram horas de dormir de novo...

Terra

Terra! um dia comerás meus olhos...

Eles eram
No entanto
O verde único de tuas folhas
O mais puro cristal de tuas fontes...

Meus olhos eram os teus pintores!

Mas, afinal, quem precisa de olhos para sonhar?
A gente sonha é de olhos fechados.

Onde quer que esteja... onde for que seja...
Na mais profunda treva eu sonharei contigo,
Minha terra em flor!

Apêndices

Sobre Mario Quintana

Nasceu em Alegrete, Rio Grande do Sul, no ano de 1906. Veio ao mundo em família de raiz urbana e escolarizada. Seus avós, tanto o paterno quanto o materno, eram médicos. Seu pai era um dono de farmácia que lia em francês para os filhos ainda crianças.

Aos 13 anos, vai para Porto Alegre, estudar no Colégio Militar como aluno interno. Entre idas e vindas, acaba não terminando o colegial, apesar de ser leitor voraz e frequentador da Biblioteca Pública. Quando sai do colégio, aos 17 anos, não tem diploma, mas já se inicia na vida literária porto-alegrense, mesmo quando volta a morar em Alegrete, no ano seguinte. Em 1926, um conto de sua autoria é o vencedor de concurso patrocinado por importante jornal da capital gaúcha na época (*Diário de Notícias*).

Falecidos mãe e pai, transfere-se definitivamente para Porto Alegre em 1929, onde passa a trabalhar como jornalista. No ano seguinte, aventura-se na política e vai até o Rio de Janeiro, seguindo Getúlio Vargas. Fica apenas seis meses na então capital federal. Voltará cinco anos depois, em temporada marcante para sua vida, quando travará conhecimento com os poetas que mais admira: Cecília Meireles e Manuel Bandeira, os outros dois grandes líricos modernos brasileiros.

Nos anos 30, Quintana estabiliza-se na vida profissional, como jornalista e como tradutor assalariado pela Editora Globo. Nesse período, desabrocha e viceja o poeta, que se apresenta finalmente ao mundo numa coletânea própria. Lança seu primeiro livro, *A rua dos cataventos*, em 1940. O livro de poemas inaugura nova etapa em sua vida, ao mesmo tempo que coroa uma década de progressivo amadurecimento.

A década de 40 e a primeira metade dos anos 50 serão de grande atividade para Quintana. Dessa época são os livros de poesia *Canções* (1946), *Sapato florido* (1948), *O aprendiz de feiticeiro* (1950), *Espelho mágico* (1951, com prefácio de Monteiro Lobato) e um volume de *Inéditos e esparsos*, publicado em 1953 na cidade de Alegrete. É ainda nesse período que começa a publicar o *Caderno H* ("textos escritos em cima da hora, na hora H"), primeiro na revista *Província de São Pedro*, e depois, a partir de 1953, no jornal *Correio do Povo*, onde permaneceu por décadas. As prosas curtas, as croniquetas, as evocações e os poemas em prosa do *Caderno H* angariarão a Quintana seu primeiro e fiel público de leitores, que só fará crescer a partir daí. Entre as muitas traduções feitas por Quintana no período, destacam-se as de Marcel Proust, que marcaram época.

Depois de breve interregno, as décadas de 60 e 70 assinalarão a consagração nacional do poeta Quintana. Em 1962, reúne sua produção poética em *Poesias*. Em 1966, quando completa 60 anos, sai a *Antologia Poética*, organizada por Rubem Braga e Paulo Mendes Campos para a prestigiosa Editora do Autor, livro vencedor do Prêmio Fernando Chinaglia ("melhor livro do ano"). As homenagens públicas se sucedem: saudação na Academia Brasileira de Letras por Augusto Meyer e Manuel Bandeira (1966), Cidadão Honorário de Porto Alegre (1967), placa de bronze em Alegrete (com a famosa inscrição: "Um engano em bronze é um engano eterno."), medalha "Negrinho do pastoreio" do estado do Rio Grande do Sul e, ao completar 70 anos, em 1976, prêmio Pen Clube de poesia.

Os setent'anos, em vez de assinalarem um começo de fim, apontam para um novo começo na trajetória de poeta e prosador de Mario Quintana. São desse momento dois de seus livros mais destacados: *A vaca e o hipogrifo*, de pequenas prosas, e *Apontamentos de história sobrenatural*, de pura poesia elegíaca em versos simples reveladores de grande maturidade criativa. Os lançamentos se sucederão, e novo momento de consagração ocorre em 1980, quando recebe o prêmio Machado de Assis da Academia Brasileira de Letras. Vale lembrar que ao longo de sua carreira Quintana também publicou alguns notáveis livros dirigidos ao público infantil.

Depois de sofrer um atropelamento, o poeta octogenário não deixará de produzir e galgará novas alturas em matéria de prêmios, homenagens, títulos universitários honorários. Em meio a tantas glórias, a maior é ver-se poeta popular, concretizando a fusão com a alma das gentes, meta maior de cronistas e líricos. Em 1985, é escolhido patrono da Feira do Livro de Porto Alegre, o mais clássico dos eventos literários brasileiros. Nesse ano ainda, sai o *Diário poético*, agenda pessoal de grande venda, em que a cada dia consta um pequeno texto de sua autoria.

Falece em 1994, aos 88 anos de idade. Seus últimos e produtivos dez anos trouxeram antologias, novos livros de poemas, novas coletâneas de crônicas do *Caderno H*, livros infantis. Já nesse período, e de forma mais intensa postumamente, sua obra frutifica em adaptações, encenações, musicalizações. A palavra do poeta fertiliza.

Italo Moriconi

Fontes: CARVALHAL, Tania Franco. Cronologia, in *Mario Quintana – poesia completa*, Rio de Janeiro, Ed. Nova Aguilar, 2005. FISCHER, Luís Augusto. Viagem em linha reta, in *Mario Quintana/Cadernos de literatura brasileira*, São Paulo, Instituto Moreira Salles, 2009.

Cronologia da obra

OBRAS PUBLICADAS

A rua dos cataventos (1940)

Canções (1946)

Sapato florido (1948)

O aprendiz de feiticeiro (1950)

Espelho mágico (1951)

Inéditos e esparsos (1953)

Caderno H (1973)

Apontamentos de história sobrenatural (1976)

A vaca e o hipogrifo (1977)

Esconderijos do tempo (1980)

Baú de espantos (1986)

Da preguiça como método de trabalho (1987)

Preparativos de viagem (1987)

Porta giratória (1988)

A cor do invisível (1989)

Velório sem defunto (1990)

Água: os últimos textos de Mario Quintana (2001, póstumo)

Obra reunida

Poesias (Porto Alegre, Globo, 1962)

Poesia completa (Rio de Janeiro, Nova Aguilar, 2005)

Infantojuvenil

O batalhão das letras (1948)

Pé de pilão (1975)

Lili inventa o mundo (1983)

Nariz de vidro (1984)

Sapo amarelo (1984)

Primavera cruza o rio (1985)

Sapato furado (1994)

Traduções no exterior

Objetos perdidos y otros poemas (Buenos Aires, 1979)

Mario Quintana: poemas (Lima, 1984)

[Em antologias]

Brazilian literature (Nova York, 1945)

Poesía brasileña contemporánea (Montevidéu, 1947)

Antologia de la poesía brasileña (Madri, 1952)

Un secolo di poesia brasiliana (Siena, 1954)

Anthologie de la poésie brésilienne contemporaine (Paris, 1954)

Nuestra America. Antología de la poesía brasileña: cuadernillos de poesía (Buenos Aires, 1959)

Antologia poética de la poesía brasileña (Barcelona, 1973)

Las voces solidarias (Buenos Aires, 1978)

Índice de títulos

1ª EDIÇÃO [2015] 8 reimpressões

ESTA OBRA FOI COMPOSTA PELA ABREU'S SYSTEM EM WALBAUM
E IMPRESSA PELA LIS GRÁFICA EM OFSETE SOBRE PAPEL PÓLEN DA
SUZANO S.A. PARA A EDITORA SCHWARCZ EM MARÇO DE 2025

FSC
www.fsc.org
MISTO
Papel | Apoiando o manejo florestal responsável
FSC® C112738

A marca FSC® é a garantia de que a madeira utilizada na fabricação do papel deste livro provém de florestas que foram gerenciadas de maneira ambientalmente correta, socialmente justa e economicamente viável, além de outras fontes de origem controlada.